Lisa Marie Bopp

Der Rätsel Adventskalender der Gebrüder Grimm

Knacke das Geheimnis des mysteriösen Weihnachts-Märchens

Prolog

Es ist schon rätselhaft, was in der Weihnachtszeit alles für Wunder geschehen. Eines dieser Mysterien hältst Du jetzt in den Händen. Es mag aussehen wie ein gewöhnliches Buch, doch siehst Du Dir die Seiten einmal etwas genauer an, so wird klar, dass hier etwas Geheimnisvolles vorgeht.

Die Seiten sind gespickt mit rätselhaften Hinweisen und geheimen Codes, die nur darauf warten, von Dir gelöst zu werden. Natürlich könntest Du sofort damit anfangen, die Geheimnisse des Buches zu lüften, doch eine seltsame Notiz lässt Dich innehalten.

Sei gegrüßt werter Leser,

dass Du diese Notiz in den Händen hältst, kann nur bedeuten, dass Du unseren geheimen Märchen-Adventskalender gefunden hast.

Wir, die Gebrüder Grimm, haben uns hier einmal ganz aufs Neue dem sagenumwobenen Märchen von Schneewittchen und den sieben Zwergen gewidmet. Diese Interpretation der Geschichte ist jedoch nur für die klügsten aller Leser bestimmt. Nur ein wahrer Meister der Literatur ist in der Lage, die im Buch enthaltenen Rätsel zu lösen und die Geschichte somit zu beenden.

Damit dieses Vorhaben gelingt, ist sowohl der Geist als auch das Wesen eines wahren Schriftstellers gefragt.

Solltest Du Dich der Aufgabe gewachsen sehen, erhältst Du hiermit täglich die Chance, Dein Können zu beweisen. Löse die Rätsel, führe das Märchen zu einem Ende und werde zu einem echten Meister.

Auf dass Du erfolgreich sein mögest und einen klaren Kopf behältst!

Die Gebrüder Grimm

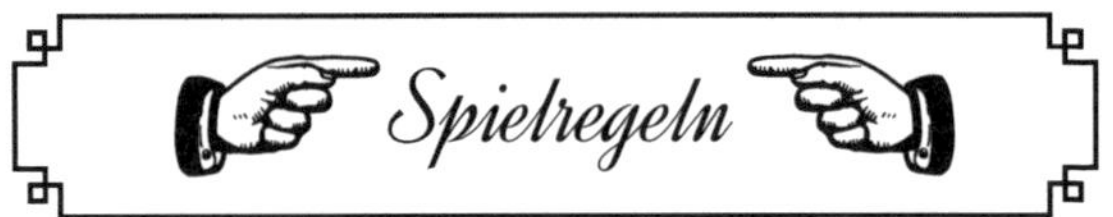

Auf den folgenden Seiten blätterst Du Dich durch die winterliche Rätselwelt der Gebrüder Grimm. Jeden Tag im Dezember darfst Du Dich an ein Rätsel wagen. Mit jedem gelösten Rätsel schreitet die Geschichte voran und Du kommst dem Ziel näher, das Märchen zu vollenden. Aufgepasst: Die Gebrüder Grimm waren sehr fleißig. Dich erwartet kein Adventskalender mit nur 24 Türchen – stattdessen begleitet Dich das Rätsel-Abenteuer bis Silvester.

Um Deinen Rang im Kreis der großen Schriftsteller einzunehmen, winken Dir pro Rätsel fünf Schreibfedern, die es zu sammeln gilt. Lege Dir am besten einen Stift und einige Bogen Papier zurecht, damit Du gegebenenfalls Deine Gedanken besser ordnen kannst.

Für den Fall, dass Du bei einem Rätsel Hilfe benötigst, haben die Gebrüder Grimm einige Hinweise im Buch hinterlassen. Zu jedem Rätsel stehen Dir drei Hinweise zur Verfügung. Solltest Du sie zurate ziehen, kostet Dich jeder Hinweis eine Schreibfeder. Diese musst Du von den zu gewinnenden Federn abziehen. Das bedeutet: Solltest Du ein Rätsel lösen können, aber einen Hinweis in Anspruch genommen haben, bekommst Du für dieses Rätsel nicht alle fünf, sondern nur vier der möglichen Federn gutgeschrieben. Jeder weitere Hinweis kostet Dich eine zusätzliche Schreibfeder.

Deine Antwort überprüfst Du mit dem Code-Schloss. Sollte sich dabei herausstellen, dass Du falschliegst, verlierst Du ebenfalls eine der möglichen Federn für das jeweilige Rätsel und kannst Dich dem Rätsel erneut stellen.

Zwei falsche Antworten können die Gebrüder Grimm noch akzeptieren. Bei drei Fehlern pro Rätsel gilt es aber als nicht gelöst und Du erhältst dafür keine Federn.

Solltest Du beim Versuch des Lösens alle fünf möglichen Schreibfedern aufbrauchen, so bleiben keine mehr übrig und Du musst ohne erhaltene Federn weiterziehen.

Ein Schriftsteller, der alle Hinweise aufgebraucht hat und auf der Lösungsseite feststellt, dass er mit seiner Antwort falschliegt, erhält ebenfalls keine Federn.

Die Summe der nach 31 Tagen gesammelten Federn zeigt Deinen Rang im Kreis der Literaten. Je mehr Schreibfedern Du gesammelt hast, desto höher wird Dein Ansehen sein.

Solltest Du der Aufgabe gewachsen sein, darfst Du nun beginnen. Viel Erfolg!

Gruppen-Rätsel

Ihr könnt den Rätsel-Adventskalender der Gebrüder Grimm auch gemeinsam mit mehreren Personen lösen. Die Spielregeln bleiben dabei dieselben.

So nutzt Du das Buch

Der Adventskalender ist in zwei Blöcke aufgeteilt: Rätsel mit Lösungen und Hinweise. Starte am 1. Dezember auf Seite 9 mit dem ersten Rätsel. Jeden Tag darfst Du Dich an das nächste Rätsel wagen.

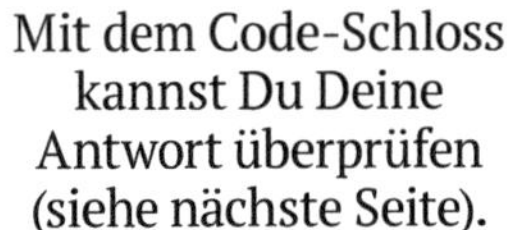

Mit dem Code-Schloss kannst Du Deine Antwort überprüfen (siehe nächste Seite).

Lies Dir die Aufgaben aufmerksam durch. Du erhältst alle nötigen Instruktionen.

Solltest Du Hilfe bei einem Rätsel benötigen, blättere auf die Hinweisseite.

Auf der jeweiligen Hinweisseite erhältst Du bis zu drei Hinweise.

Nutze diese einzeln nacheinander. Für jeden genutzten Hinweis wird Dir eine Feder von den möglichen Gewinnfedern abgezogen.

Um mit einem Rätsel fortzufahren, blättere auf die angegebene Rätselseite zurück.

Das Code-Schloss

Zur Überprüfung Deiner Antwort auf ein Rätsel kannst Du das Code-Schloss nutzen. Die Angaben mit dem Finger-Symbol sind die Antworten, die Du mit dem Schloss abgleichst. Blättere auf die entsprechende Buchseite, die zu Deiner Antwort aufgeführt wird.

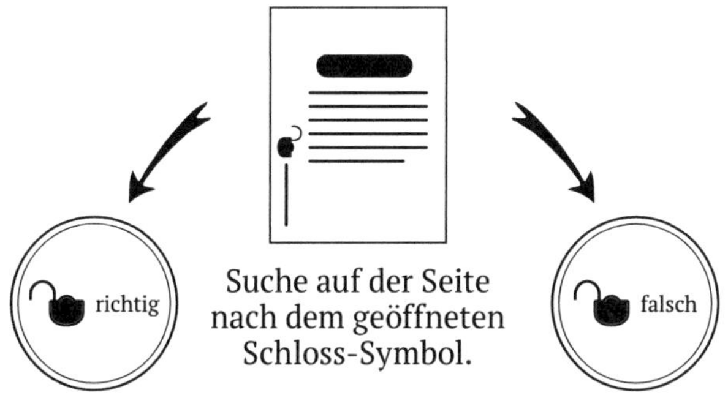

Suche auf der Seite nach dem geöffneten Schloss-Symbol.

Ist Deine Antwort korrekt, kannst Du direkt zur Lösungsseite blättern und mit der Geschichte fortfahren.

Ist Deine Antwort falsch, kannst Du einen weiteren Rätselversuch wagen (mit jeder falschen Antwort verlierst Du eine Feder).

Ist Deine Antwort auch beim dritten Lösungsversuch nicht korrekt, gilt das Rätsel als nicht geschafft und Du erhältst null Federn.

Um die richtige Lösung zu sehen, blättere zur Folgeseite des jeweiligen Rätsels.

Die Lösungen

Wenn Du das Rätsel richtig gelöst hast, führt Dich das Code-Schloss auf die Lösungsseite.

Für jedes Rätsel notierst Du Dir Deine erspielten Federn.

Solltest Du einmal nicht auf die richtige Antwort kommen oder alle Hinweise aufgebraucht haben, kannst Du die Lösung auf der Folgeseite zu dem jeweiligen Rätsel finden. In diesem Fall gilt das Rätsel als nicht bestanden und Du notierst Dir null erspielte Schreibfedern im Kreis.

Ein unerwarteter Besuch

1. Ein unerwarteter Besuch

Es war einmal im höchsten Turm des Schlosses eines weit entfernten Königreichs eine Königin, die sich sehnlichst ein Kind wünschte. So kam es eines Tages, dass sie vor dem großen Turmfenster saß und hinausblickte. In der Ferne sah sie eine Gruppe Rehe und Kitze, die aus dem verschneiten Wald heraustraten. Da stand sie auf und trat ans Fenster heran, um die Rehfamilie besser sehen zu können.

„Ach, hätte ich doch bloß auch ein Kind, für das ich sorgen kann", schluchzte sie. Sie öffnete das Fenster und stützte ihre Hand auf den Ebenholzrahmen. Plötzlich durchzuckte sie ein Stechen im Finger. Als sie auf ihre Hand blickte, sah sie einen Splitter in ihrem Daumen. Sie zog ihn heraus und beobachtete, wie ein Tropfen ihres Blutes auf den weißen Schnee auf der Fensterbank fiel.

„Eine Tochter … mit Haar so schwarz wie Ebenholz, Haut so weiß wie Schnee und Lippen so rot wie Blut. Schneewittchen würde ich sie nennen. Das ist mein größter Wunsch."

Doch was war das? Im kühlen Winterwind sah sie etwas Kleines und Funkelndes auf den Turm zufliegen. Eine Fee! Kaum am Fenster angekommen, sprach die Fee zu ihr: „Ich habe deinen Wunsch vernommen, liebe Königin, und ich möchte ihn dir erfüllen. Wenn ich mich doch nur erinnern könnte, in welchem Zauberbuch ich den passenden Spruch finden kann! Ich erinnere mich, dass ich es mir notiert hatte. Wie war das noch gleich? Oh nein, die Notiz ist sehr beschädigt."

falsche Antwort

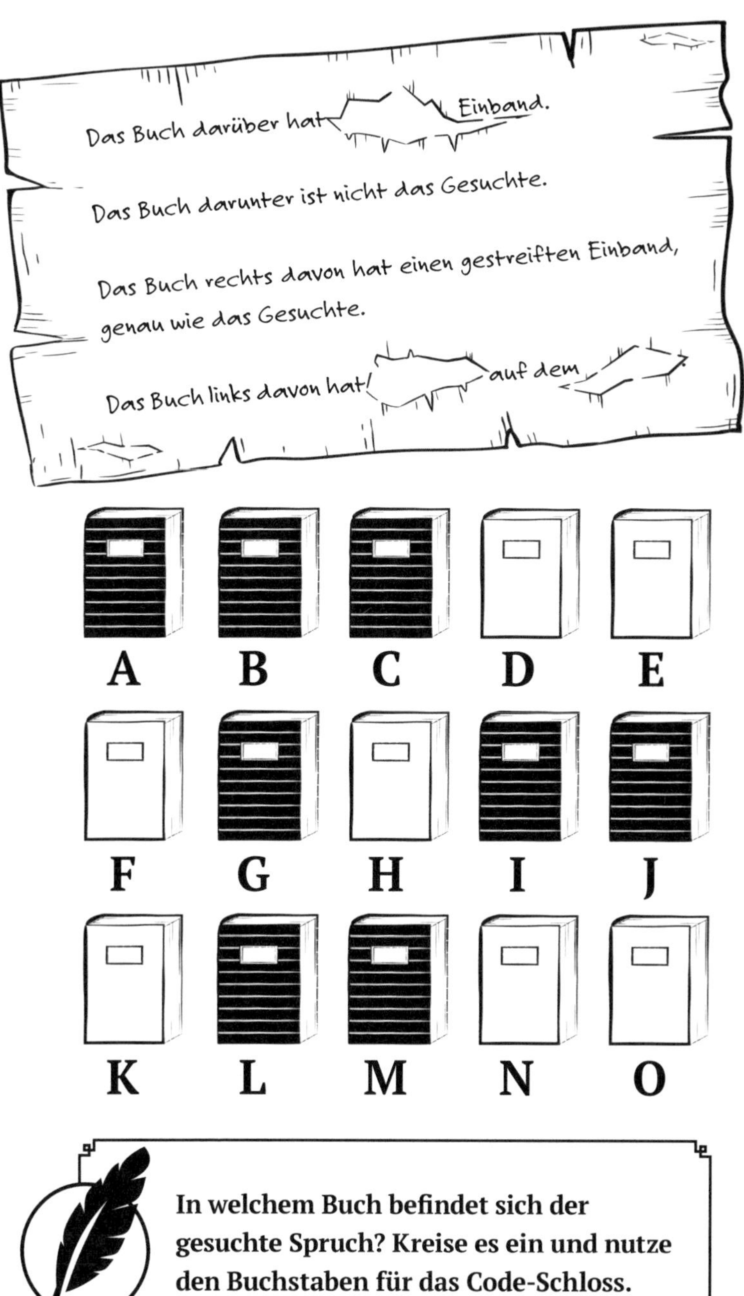

In welchem Buch befindet sich der gesuchte Spruch? Kreise es ein und nutze den Buchstaben für das Code-Schloss.

Hinweise auf Seite 134

Antwort	A	B	C	D	E	F	G	H	I	J	K	L	M	N	O
Seite	160	162	164	74	82	86	149	155	158	110	126	130	62	58	50

Lösung

1. Ein unerwarteter Besuch

Das gesuchte Buch trägt den Buchstaben I. Es ist das einzige Buch, das genau wie sein rechter Nachbar einen gestreiften Einband hat, sowie über, unter und links von sich ein anderes Buch stehen hat.

Trage Deine verdienten Federn ein und fahre morgen auf der nächsten Seite mit der Geschichte fort.

2

Auf Mutters Spuren

2. Auf Mutters Spuren

Kaum hatte die gute Fee ihren Spruch wiedergefunden, sprach sie den Zauber.

Es dauerte nicht lang und dem Königspaar wurde eine Tochter geschenkt. Wie die Mutter es sich gewünscht hatte, besaß sie schneeweiße Haut, Haare so schwarz wie Ebenholz und volle, blutrote Lippen.

Der König und die Königin freuten sich sehr und verbrachten viel Zeit mit ihrer kleinen Tochter, doch nur kurze Zeit später verstarb die Königin an einer schweren Krankheit. Tief in seiner Trauer zog sich der König immer mehr zurück und ließ auch Schneewittchen immer öfter allein.

Die Prinzessin wuchs zu einer schönen, liebenswürdigen, tugendhaften jungen Frau heran und jeder im Königreich mochte sie sehr. Der König selbst jedoch war noch immer von seiner Trauer um seine verstorbene Frau gebrochen. Manchmal aber kam es, dass Schneewittchen zu ihm ging und ihn fragte, wie ihre Mutter gewesen sei. Sie bat ihn, von ihr zu erzählen und das Gesicht des Königs erhellte sich mit jedem Wort über die Königin. Mit einem Lächeln erzählte er, wie gern sie sich an den schwierigsten Rätseln versucht habe.

falsche Antwort

„Einmal“, sagte er, „da hat sie ganze drei Tage gebraucht, um das Rätsel zu lösen! Doch am Ende hat sie es natürlich doch geschafft.“

„Was für ein Rätsel war das?“, fragte Schneewittchen. „Ich will auch versuchen, es zu lösen!“

Da überlegte der Vater. „Ich glaube, es ging etwa so:“

Der arme Tropf
hat einen Hut und
keinen Kopf,
und hat dazu
nur einen Fuß und
keinen Schuh.
Kannst du erraten,
welch Wort ich such‘?

Schneewittchen dachte nach. Sie wollte es schaffen, das Rätsel zu lösen, schneller noch als ihre Mutter damals. Wie könnte nur die Antwort auf dieses Rätsel lauten?

Welches Wort wird gesucht? Schreibe es in das Feld. Den Anfangsbuchstaben verwendest Du für das Code-Schloss.

Hinweise auf Seite 135

Antwort	A	B	C	D	E	F	G	H	I	J	K	L	M	N	O	P	Q	R	S	T	U	V	W	X	Y	Z
Seite	162	98	58	74	159	42	139	155	94	157	150	153	18	34	86	108	50	10	144	62	126	26	164	102	82	46

Lösung

2. Auf Mutters Spuren

Bei dem gesuchten Wort handelt es sich um einen Pilz. Der Hut im Rätsel bezieht sich auf die obere Ausdehnung des Pilzes. Ähnlich wie ein Schirm geformt, wird sie auch „Hut“ genannt. Der Fuß des Pilzes ist natürlich sein Stiel, der auch ganz ohne Schuh fest am Boden steht.

Die Antwort könnte richtig sein. Vergleiche sie mit der Lösung auf Seite 124.

Trage Deine verdienten Federn ein und fahre morgen auf der nächsten Seite mit der Geschichte fort.

3

Ein gut gehütetes Geheimnis

3. Ein gut gehütetes Geheimnis

Die Freude war groß, als Schneewittchen das Rätsel bereits nach kurzer Zeit gelöst hatte. Und so zogen die Tage ins Land, immer wieder gab der König Schneewittchen verschiedene Rätsel zum Lösen. In diesen Momenten schien der König sogar ein wenig glücklich, doch leider hielt dieses Glück nie lange an. Eines Tages jedoch sollte sich das ändern.

„Schneewittchen!“, rief er sie wieder einmal zu sich. „Komm her und schau, wen ich dir vorstellen möchte!“

Aufgeregt lief Schneewittchen in den Thronsaal, in dem ihr Vater bereits auf sie wartete.

„Dies ist Gerda“, er zeigte auf eine schöne Frau, die neben ihm stand. „Wir beide werden heiraten und sie wird deine Stiefmutter. Bitte, stelle dich ihr vor.“

Schneewittchen, die immer nur das Gute in den Menschen sah, freute sich, sie kennenzulernen. Doch schon bald darauf wurde langsam deutlich, dass die neue Königin nicht nur Güte in sich trug. Schon früh wollte sie von Schneewittchen wissen, wo ihre Mutter den wertvollsten Schmuck aufbewahrt hatte. Obwohl Schneewittchen nicht wollte, dass der Schmuck ihrer Mutter in die Hände der Stiefmutter fiel, war sie zu reinen Herzens, um zu lügen. Sie verriet der Stiefmutter, dass sich der Schmuck in einer verschlossenen Truhe befinde, zu der zwei Schlüssel gehörten. Verwirrt blickte die neue Königin daraufhin die Truhe an.

falsche Antwort

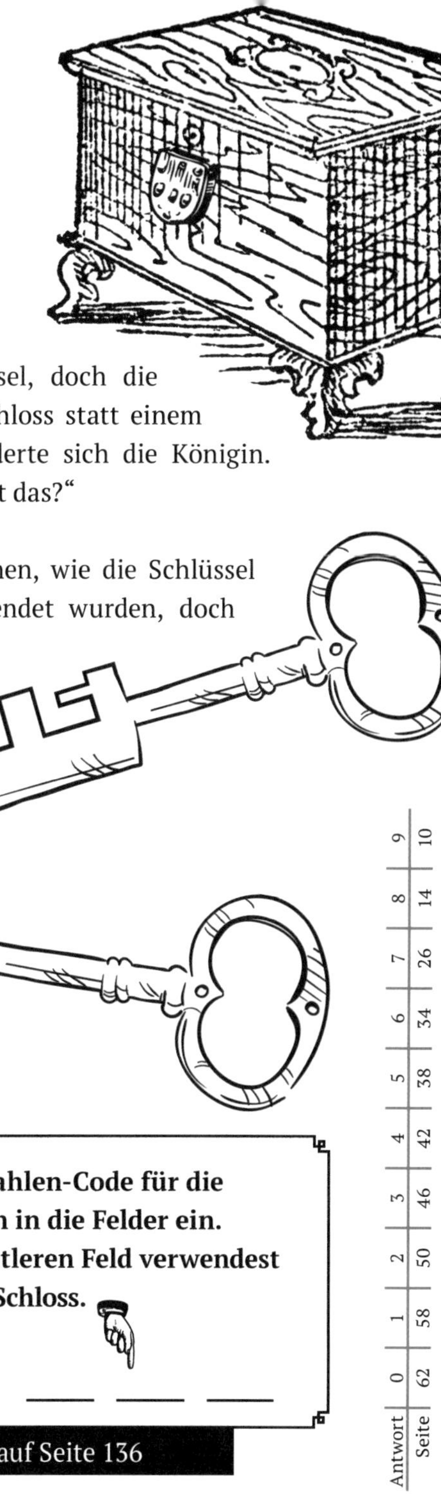

„Hier sind zwar zwei Schlüssel, doch die Truhe ist mit einem Zahlenschloss statt einem Schlüsselloch versehen“, wunderte sich die Königin. „Mein Kind, was für eine List ist das?“

Natürlich wusste Schneewittchen, wie die Schlüssel zum Öffnen der Truhe verwendet wurden, doch sagte sie nichts.

Wie lautet der Zahlen-Code für die Truhe? Trage ihn in die Felder ein. Die Ziffer im mittleren Feld verwendest Du für das Code-Schloss.

____ ____ ____

Hinweise auf Seite 136

Antwort	0	1	2	3	4	5	6	7	8	9
Seite	62	58	50	46	42	38	34	26	14	10

Lösung

3. Ein gut gehütetes Geheimnis

Der Code für die Schatulle lautet 352. Die Schlüssel dienen nicht dazu, die Truhe wie gewohnt zu öffnen. Hältst Du sie jedoch aneinander, so wird durch ihre Form der Code für das Schloss sichtbar.

Trage Deine verdienten Federn ein und fahre morgen auf der nächsten Seite mit der Geschichte fort.

4

Der magische Spiegel

Kurze Unterbrechung

Gerade willst Du weiterblättern, da fällt eine lose Seite aus dem Adventskalender. Darauf befindet sich in schnörkeliger Schrift eine weitere Notiz der Gebrüder Grimm:

Scheue Dich nicht, um Hilfe zu bitten!

Seine Schwächen auch manchmal zugeben zu können, ist ein Attribut der Stärke. Deshalb zögere nicht, und greife auf die Hinweise zurück, solltest Du einmal nicht weiterwissen.

Die Gebrüder Grimm

Vielleicht ist es tatsächlich eine gute Idee, sich die Hinweise zu Hilfe zu nehmen, wenn Du bei einem Rätsel einmal verzweifelst. Für jedes Rätsel stehen Dir schließlich drei davon zur Verfügung. Ob Du sie letztendlich alle verwendest, liegt ganz bei Dir.

4. Der magische Spiegel

Die Jahre vergingen und die Selbstsucht der neuen Königin wurde immer größer. Eines Tages ließ sie sich einen Spiegel hinauf in ihr Gemach bringen, der vor Zauber strahlte. Die gute Fee, noch immer ein regelmäßiger Besucher des Schlosses, kam nicht umhin, diesen dunklen Zauber zu spüren. Sie fürchtete, dass er die Habgier der Königin noch weiter vergrößern könnte. Sie entschloss sich deshalb, ihn mit einem Gegenzauber zu belegen, damit er nicht mehr genutzt werden konnte.

Die Zauberformel war recht einfach, die Bewegung des Zauberstabs dagegen kompliziert. Die vergessliche Fee konnte sich nur an die ersten Bewegungen erinnern, die letzte aber blieb ihrem Gedächtnis fern. Sie wusste allerdings, dass die Bewegungen einem logischen Ablauf folgten.

Welches Symbol muss der Zauberstab als Nächstes zeichnen? Kreise es ein und nutze den Buchstaben für das Code-Schloss.

Hinweise auf Seite 137

Antwort	A	B	C	D	E	F
Seite	62	74	78	82	86	94

Lösung

4. Der magische Spiegel

Das gesuchte Symbol ist SƧ (Buchstabe C).

Siehst Du Dir nur die linke Hälfte der Symbole an, wird klar, dass sie aus gespiegelten Buchstaben bestehen. Die Reihenfolge S, M, D, M, D, F, S begegnet Dir sogar wöchentlich. Es handelt sich um die Anfangsbuchstaben der einzelnen Wochentage.

SƧ MM Dᗡ MM Dᗡ Fᖷ SƧ

richtige Antwort – blättere auf Seite 52 und notiere Dir die erspielten Federn.

Trage Deine verdienten Federn ein und fahre morgen auf der nächsten Seite mit der Geschichte fort.

Die verschlüsselte Nachricht

5. Die verschlüsselte Nachricht

Kaum hatte die Fee den Zauber ausgesprochen, öffnete sich die Tür. Schnell versteckte sich die Fee und sah, wie die Königin sich vor den Spiegel stellte und fragte: „Spieglein, Spieglein an der Wand, wer ist die Schönste im ganzen Land?“

Als der Spiegel jedoch nicht antwortete, wunderte sich die Königin und suchte nach der Ursache. Sie entdeckte die Fee und versuchte, sie zu fangen. Die Fee schwirrte panisch durch den Raum und suchte einen Ausweg. Kurz bevor die Königin sie schnappen konnte, gelang es der Fee, ein Blatt Papier mit einer geheimen Botschaft hervorzuzaubern, das der Wind aus dem Fenster in die Welt hinaustrug.

falsche Antwort

Die Königin giftete die Fee an: „Warst du das? Stell mir meinen Spiegel wieder her oder meine Hände werden dich zerdrücken!“

Die Fee, sichtlich in Panik, tat, wie ihr befohlen. Die Königin grinste hämisch, entriss der Fee den Zauberstab und sperrte sie in einen Vogelkäfig. Dann trat sie wieder an den Spiegel und sprach die Worte: „Spieglein, Spieglein an der Wand, wer ist die Schönste im ganzen Land?“

Nun bekam sie eine Antwort: „Schneewittchen ist tausendmal schöner als Ihr.“ In ihrer Wut über diese Worte verwüstete die Königin das gesamte Zimmer. Die Fee konnte nur hoffen, dass jemand ihre Botschaft finden würde … und sie auch verstand.

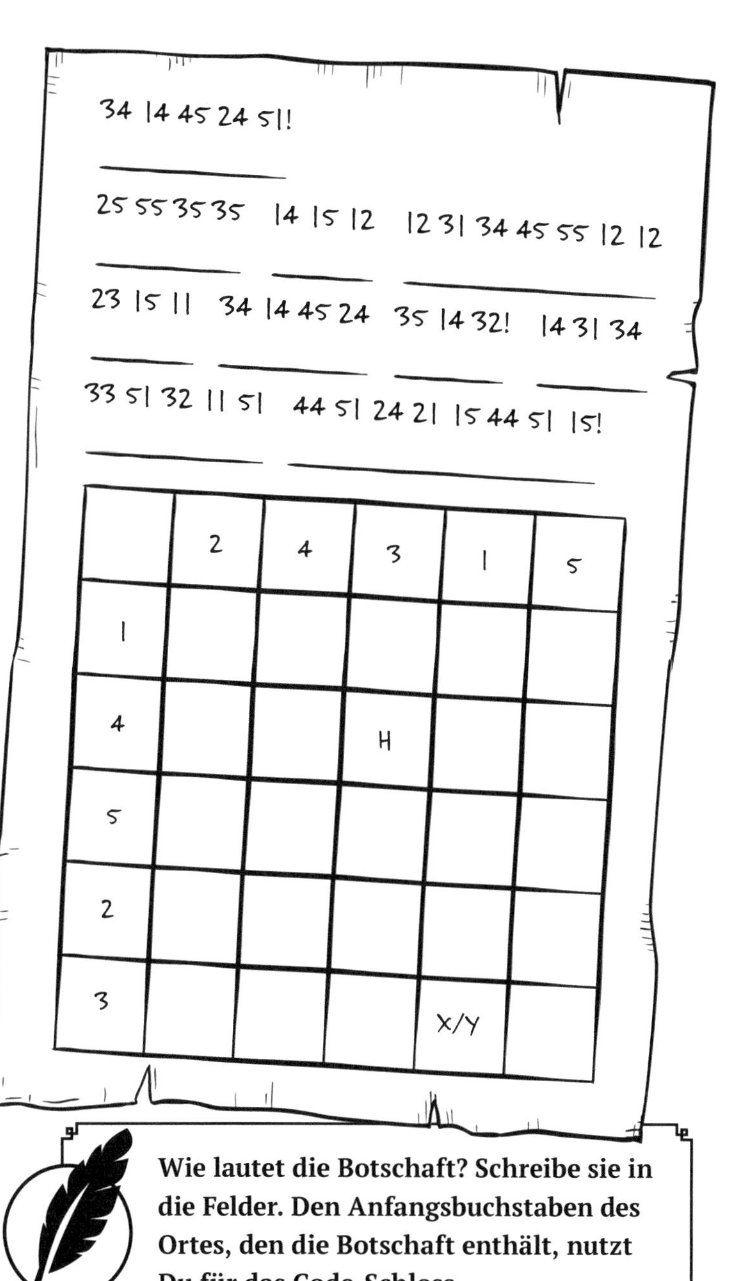

Wie lautet die Botschaft? Schreibe sie in die Felder. Den Anfangsbuchstaben des Ortes, den die Botschaft enthält, nutzt Du für das Code-Schloss.

Hinweise auf Seite 138

Antwort	A	B	C	D	E	F	G	H	I	J	K	L	M	N	O	P	Q	R	S	T	U	V	W	X	Y	Z
Seite	162	98	58	74	159	42	139	155	94	14	150	153	18	34	86	144	50	10	156	62	126	157	164	102	82	46

Lösung

5. Die verschlüsselte Nachricht

Die Botschaft lautet:

Hilfe! Komm ins Schloss und hilf mir! Ich werde gefangen!

Zwei aufeinanderfolgende Ziffern ergeben einen Buchstaben. Trägst Du das Alphabet der Reihe nach in die Tabelle ein, musst Du die Buchstaben nur noch ablesen und zusammensetzen. Die jeweils erste Ziffer gibt Dir die gesuchte Spalte an, die zweite Ziffer des Paares zeigt die entsprechende Zeile. So ergibt sich aus „34" der Buchstabe H, weil sich dort Spalte 3 und Zeile 4 kreuzen.

	2	4	3	1	5
1	A	B	C	D	E
4	F	G	H	I	J
5	K	L	M	N	O
2	P	Q	R	S	T
3	U	V	W	X/Y	Z

Trage Deine verdienten Federn ein und fahre morgen auf der nächsten Seite mit der Geschichte fort.

richtige Antwort – blättere auf Seite 84 und notiere Dir die erspielten Federn.

6

Die Flucht

6. Die Flucht

Nachdem sich die Königin ein wenig beruhigt hatte, ließ sie einen Jäger zu sich rufen. Sie forderte ihn auf, Schneewittchen mit in den Wald zu nehmen und dort umzubringen, damit sie keine Konkurrenz mehr für ihre Schönheit darstellte. Der Jäger war empört und weigerte sich, dem Befehl nachzugehen. Daraufhin bot ihm die Königin jedoch eine so hohe Belohnung, dass er einfach nicht ablehnen konnte.

Am nächsten Tag machte er sich also zusammen mit Schneewittchen auf in den kalten, winterlichen Wald. Als sie bereits tief in das Dickicht vorgedrungen waren, blieb der Jäger stehen und fing bitterlich an zu weinen.

„Was hast du denn nur, lieber Jäger?“, fragte Schneewittchen.

Er erklärte ihr alles und gab zu, dass er sie eigentlich hier umbringen sollte, es aber nicht übers Herz brachte. „Ich werde es nicht tun“, stellte er fest. „Du musst weglaufen. Irgendwohin, wo dich niemand finden kann, selbst ich nicht. Du musst also auch deine Spuren verwischen.“

Schneewittchen sah ihn hilfesuchend an. „Doch wohin soll ich nur laufen?“ Da nahm der Jäger eine Karte aus seiner Tasche. Darauf zu sehen war der Weg, der vom Schloss wegführte. Außerdem gab er ihr einen Korb mit Proviant. Er zeigte Schneewittchen die Karte und sagte:

Die Antwort könnte richtig sein. Vergleiche sie mit der Lösung auf Seite 44.

„Du musst einen Weg finden, auf dem dir niemand folgen kann. Gehe über jede Brücke genau einmal, sodass sich deine Spuren verlieren!"

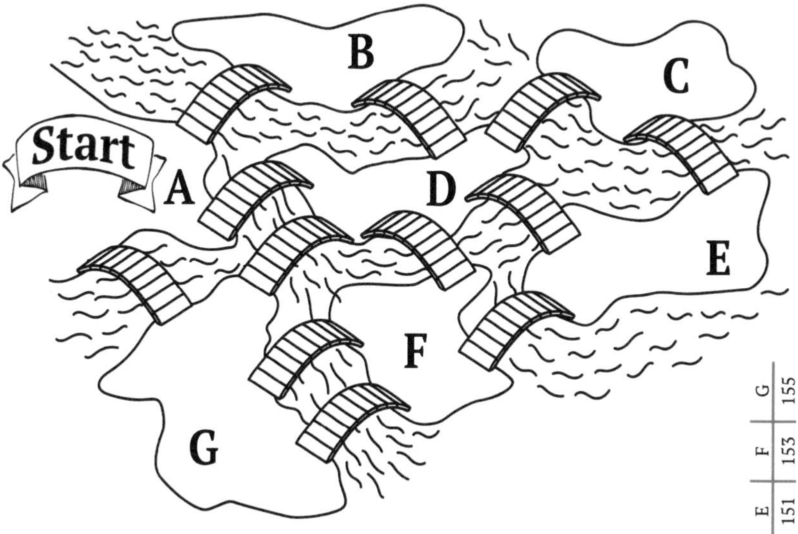

Start
A
B
C
D
E
F
G

Wo kommt Schneewittchen wieder heraus, wenn sie die Vorgaben des Jägers erfüllt? Zeichne den Weg ein. Den Buchstaben des Ziels verwendest Du für das Code-Schloss.

Hinweise auf Seite 139

Antwort	A	B	C	D	E	F	G
Seite	140	143	145	149	151	153	155

Lösung

6. Die Flucht

Es gibt mehrere Möglichkeiten, wie Schneewittchen die Brücken überqueren kann. Jeder Weg führt sie aber zum Punkt E. Es ist der einzige Ort – mit Ausnahme des Starts – mit einer ungeraden Anzahl an Brücken.

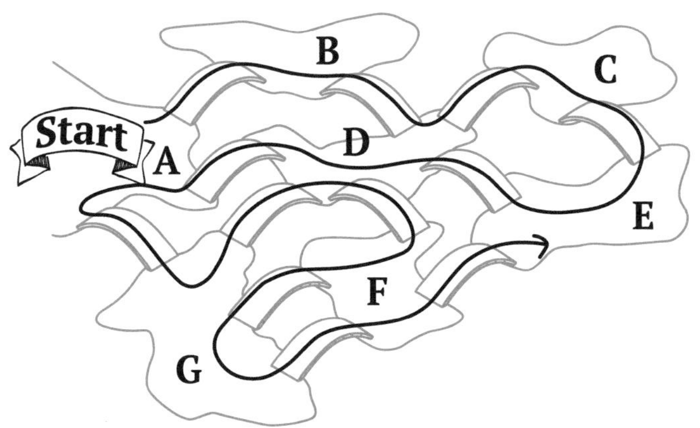

Trage Deine verdienten Federn ein und fahre morgen auf der nächsten Seite mit der Geschichte fort.

Allein im dunklen Wald

7. Allein im dunklen Wald

Schneewittchen rannte den Weg entlang und fand sich allein im dunklen Wald wieder. Die Nacht brach langsam an und so fing Schneewittchen an, zu frieren. Sie stapfte durch den tiefen Schnee und suchte nach einem Unterschlupf, in dem sie die Nacht verbringen konnte.

Je dunkler sich der Himmel über ihr färbte, desto größer wurde ihre Angst. Tapfer setzte sie einen Fuß vor den anderen und kämpfte sich durch die klirrende Kälte voran. Sie konnte die Nacht nicht ungeschützt im Wald verbringen, sie musste einen sicheren Ort finden.

Der Wald um sie herum schien in der Nacht zu neuem Leben zu erwachen. Die Rufe von Eulen und das Heulen von Wölfen in der Ferne sorgte bei Schneewittchen für Gänsehaut, die nichts mit der Kälte des Winters zu tun hatte. Hinter jedem Baum vermutete sie Augen, die sie beobachteten und im kalten Wind meinte sie Stimmen zu hören, die nach ihr riefen. Sie musste sich beeilen, bevor sie noch erfror!

Nach einiger Zeit kam sie an einer kleinen Höhle an, in der früher sicher einmal ein Bär gelebt hatte. Im spärlichen Mondlicht schaute sie sich zitternd darin um, damit sie sicherstellen konnte, dass die Höhle auch tatsächlich unbewohnt war. Der Hunger überkam sie und es wurde ihr auch immer kälter. Da fiel ihr wieder der Korb mit Proviant ein, den der Jäger ihr gegeben hatte. In dem Korb befand sich etwas

falsche Antwort

Käse, Brot, Streichhölzer und Wasser. Sie nahm einen beherzten Bissen von dem Brot und dem Käse. Als das Hungergefühl gestillt war, beschlich sie die Kälte jedoch umso mehr. „Ich muss wohl ein Feuer entzünden, um mich aufzuwärmen“, überlegte sie.

Wieder ging sie in den Wald hinaus, um Zweige, Blätter oder Ähnliches zu finden. Zurück in der Höhle ordnete sie das Gesammelte. Etwas feuchtes Holz, einige trockene Blätter, duftende Tannenzapfen, Ahornsamen und einige Eicheln hatte sie gefunden.

Was sollte Schneewittchen als Erstes anzünden, um ein wärmendes Feuer zu entfachen? Schreibe den Gegenstand in das Feld. Den Anfangsbuchstaben des Gegenstands verwendest Du für das Code-Schloss.

 ____________________

Hinweise auf Seite 140

Antwort	A	B	C	D	E	F	G	H	I	J	K	L	M	N	O	P	Q	R	S	T	U	V	W	X	Y	Z
Seite	162	98	58	74	159	42	139	155	94	14	150	153	18	157	86	144	50	10	161	62	126	26	164	102	82	46

Lösung

7. Allein im dunklen Wald

Schneewittchen muss natürlich zuerst das Streichholz anzünden. Ein Glück, dass sich im Proviantkorb des Jägers auch einige Zündhölzer befanden. Mit dem brennenden Streichholz kann sie dann die gesammelten Materialien entzünden und so ein wärmendes Feuer entfachen.

Trage Deine verdienten Federn ein und fahre morgen auf der nächsten Seite mit der Geschichte fort.

8

Kleine Kostbarkeiten

8. Kleine Kostbarkeiten

Als das Feuer endlich brannte, wurde Schneewittchen wieder warm. Es war Zeit, etwas Ruhe zu finden. Kaum hatte sie sich hingelegt, schlief sie auch schon ein, so müde war sie.

Erholt wachte sie am nächsten Morgen auf und machte sich auf den Weg. Wohin sie genau wollte, wusste sie nicht, doch wollte sie zuerst aus dem Wald heraus und das nächste Dorf finden. Sie war erst etwa zehn Minuten gelaufen, da entdeckte sie ein Eichhörnchen, das aufgeregt über den Waldboden flitzte und immer wieder an verschiedenen Stellen zu graben anfing. Es erblickte Schneewittchen und kam schnell auf sie zu.

„Hast du meine Nüsse gesehen?", fragte es. Schneewittchen verneinte und das Eichhörnchen flitzte wieder zurück und suchte weiter. Eine Weile beobachtete Schneewittchen es, dann ging sie zu ihm hinüber.

„Kann ich dir vielleicht irgendwie helfen?", wollte sie wissen.

Das Eichhörnchen war sichtlich erfreut und erzählte ihr, dass es zwar ganz viele Nüsse gesammelt und vergraben habe, sie jetzt aber nicht mehr wiederfinde. „Ich habe mir sogar extra das Versteck markiert, aber habe es mit einem Code verschlüsselt. Jetzt erinnere ich mich nicht mehr, was ich mit diesen Angaben meinte."

Es zeigte Schneewittchen seine Notizen und sie lächelte. „Ich glaube, ich weiß, wo deine Nüsse sind!"

Die Antwort könnte richtig sein. Vergleiche sie mit der Lösung auf Seite 20.

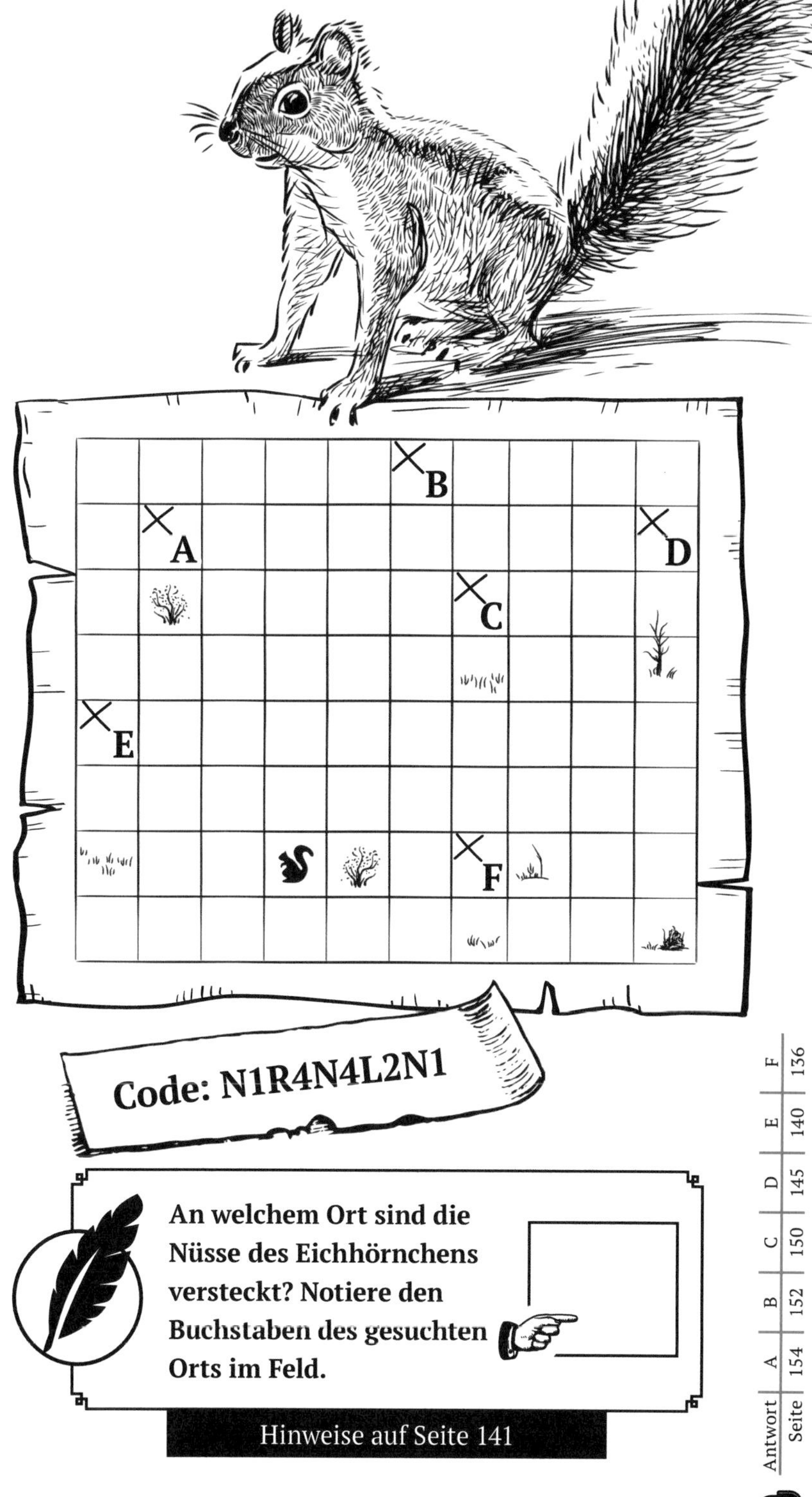

Code: N1R4N4L2N1

An welchem Ort sind die Nüsse des Eichhörnchens versteckt? Notiere den Buchstaben des gesuchten Orts im Feld.

Hinweise auf Seite 141

Antwort	A	B	C	D	E	F
Seite	154	152	150	145	140	136

Lösung

8. Kleine Kostbarkeiten

Das Versteck des Eichhörnchens befindet sich bei Punkt B. Um den Weg zu finden, muss der Code entschlüsselt werden. Dabei sind die Ziffern die jeweilige Anzahl an Schritten, die gegangen werden müssen. Die Buchstaben geben die Richtung an. So steht N1 zum Beispiel für Norden, 1 Schritt – es muss also ein Feld nach oben gegangen werden. R steht für rechts und L steht für links.

Der komplette Weg ist demnach: 1 Feld hoch, 4 Schritte nach rechts, 4 hoch, 2 links, 1 hoch.

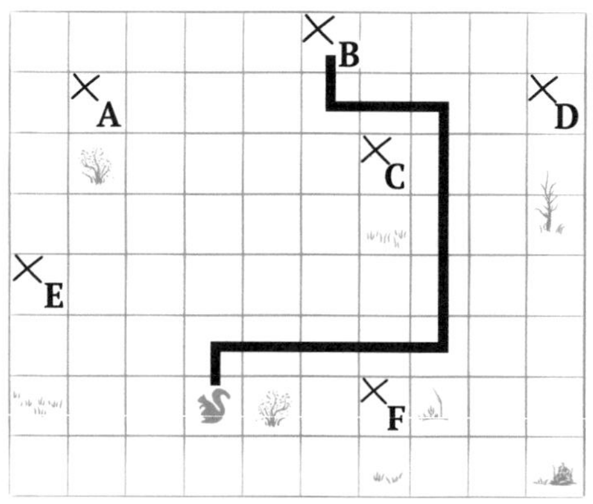

Trage Deine verdienten Federn ein und fahre morgen auf der nächsten Seite mit der Geschichte fort.

9 Rettung in letzter Sekunde

9. Rettung in letzter Sekunde

Überglücklich bedankte sich das Eichhörnchen bei Schneewittchen. Jetzt war es für den Winter gerüstet. Schneewittchen nutzte die Gelegenheit, um ihm ein paar Fragen zu stellen und ihre Geschichte zu erzählen.

„Wo sind wir hier überhaupt?", wollte sie wissen.

„Das hier ist das Land hinter den Bergen", verriet ihr das Eichhörnchen. „Mach dir keine Sorgen, Schneewittchen. Das Land steht unter dem Schutz von Prinz Arundel aus dem Nachbarkönigreich. Hier wird dich deine Stiefmutter nicht finden."

Erleichtert atmete Schneewittchen auf. „Sehr gut, dann muss ich jetzt nur noch einen Ort finden, an dem ich bleiben kann", sagte sie.

Das Eichhörnchen überlegte kurz und wollte ihr anbieten, mit in seinen Bau zu kommen, doch dafür würde der Platz wohl nicht ausreichen. Schneewittchen machte sich also wieder auf den Weg.

falsche Antwort

Nach einer Weile kam sie an eine Lichtung und sah dort einen großen Bären am Boden liegen. Schneewittchen ging näher heran und der Bär hob seinen Kopf und stand auf. Da sah Schneewittchen, dass sein Bein in einer Falle steckte. Traurig, mit großen verzweifelten Augen schaute der Bär sie an, als wolle er sie um Hilfe bitten.

Schneewittchen ging zu ihm und sah sich die Falle etwas genauer an. Der Bär hob die Pranke mit schmerzverzerrtem Gesicht ein wenig an, sodass Schneewittchen sie besser betrachten konnte. Darauf zu sehen war ein Zahlenrad mit drei Ziffern und an den Seiten entdeckte sie merkwürdige Striche.

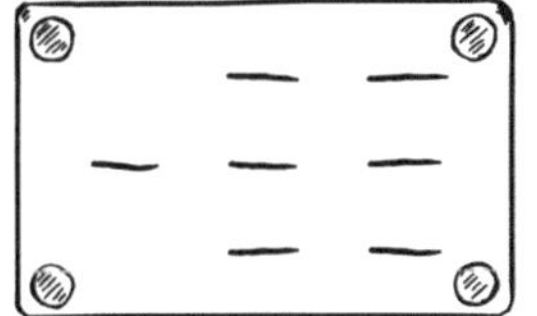

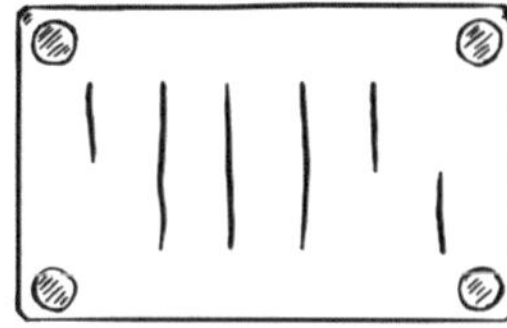

Wie lautet der Zahlencode, der die Falle öffnet? Trage ihn in das Feld ein. Die mittlere Ziffer verwendest Du für das Code-Schloss.

___ ___ ___

Hinweise auf Seite 142

Antwort	0	1	2	3	4	5	6	7	8	9
Seite	86	82	74	62	58	50	46	34	30	20

Lösung

9. Rettung in letzter Sekunde

Der Zahlencode, der die Falle öffnet, lautet 485. Die Striche an der Falle sind allein nicht besonders aufschlussreich. Legst Du sie jedoch übereinander, ergibt sich der Code.

10

Die verlassene Hütte

10. Die verlassene Hütte

Die Falle klickte und sprang auf. Der Bär kam frei und blickte zu Schneewittchen. Sie lächelte, doch der Bär nahm seinen Blick nicht von ihr. Er richtete sich zu seiner vollen Größe auf und war auf seinen Hinterbeinen beinahe doppelt so groß wie Schneewittchen. Die Vögel rundherum wurden nervös und zwitscherten aufgeregt. Dann hob der Bär eine riesige Pranke über seinen Kopf und die Vögel flatterten vor Angst davon. Wollte der Bär Schneewittchen etwa angreifen?

Schneewittchen jedoch blieb ruhig, sogar als der Bär seine Pranke mit Schwung niedersenkte – um sie an seinen Bauch zu legen und sich tief vor Schneewittchen zu verbeugen. Es war seine Art, sich bei ihr zu bedanken.

Danach erhob er sich und trottete in den Wald zurück. Schneewittchen machte sich wieder auf den Weg und es dauerte nicht lange, da sah sie eine große Hütte mitten im Dickicht des Waldes stehen. Sie ging zu der Hütte, rief nach jemandem und klopfte an der Tür, doch niemand öffnete ihr. Da die Wintersonne mittlerweile schon wieder zu sinken begann und die Luft langsam eisig wurde, beschloss sie, trotzdem in die Hütte einzutreten. Doch die Tür war verschlossen!

Über der Tür, die ausgesprochen klein war, entdeckte sie einen länglichen Hohlraum. Wofür der wohl war? Neben der Tür sah sie einen kleinen Korb mit verschiedenen, mysteriösen Blöcken. Auf einmal kam ihr eine Idee, wie man die Tür öffnen könnte.

falsche Antwort

In welcher Reihenfolge muss sie die Blöcke in den Hohlraum einsetzen, um die Tür zu öffnen? Trage die Ziffern in die Felder ein. Nutze die Ziffer des vierten Feldes für das Code-Schloss.

Hinweise auf Seite 143

Antwort	1	2	3	4	5
Seite	132	134	136	139	145

Lösung

10. Die verlassene Hütte

An der vierten Stelle muss der Block mit der Ziffer 1 platziert werden.

Die Blöcke sehen in einem bestimmten Winkel jeweils wie Buchstaben aus. Sie lassen sich so aneinanderreihen, dass sich das Wort „Zwerg“ daraus ergibt.

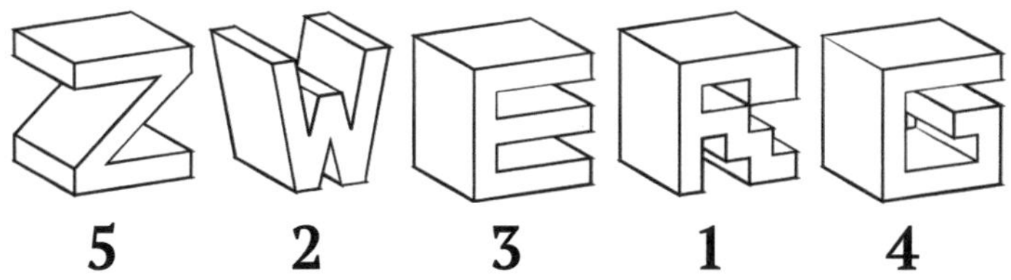

5 2 3 1 4

Trage Deine verdienten Federn ein und fahre morgen auf der nächsten Seite mit der Geschichte fort.

Eine gute Tat

11. Eine gute Tat

Das Türschloss klickte. Schneewittchen bückte sich und trat über die Türschwelle. Sie sah sich in der Hütte um, doch konnte niemanden sehen. Langsam ging sie durch die verschiedenen Zimmer. Im Moment schien zwar niemand zu Hause zu sein, doch verlassen schien die Hütte ebenfalls nicht. In jedem Raum herrschte Chaos, so als hätte noch nie jemand aufgeräumt. Sie entdeckte sieben Bettchen im Schlafzimmer und auf dem Tisch standen sieben Becherchen.

Schneewittchen nahm an, dass die Besitzer sicher bald zurückkommen würden und beschloss, zuerst ein Feuer im Kamin anzuzünden, um der Kälte etwas entgegenzusetzen. Danach sah sie sich noch einmal in der Hütte um. Wenn sie schon hier die Nacht verbringen würde, so dachte sie, könnte sie zumindest etwas Ordnung machen. Vielleicht würden die Besitzer dann auch nichts mehr dagegen haben, dass sie sich selbst eingelassen hatte. Zuerst nahm sie sich das Schlafzimmer, dann die Küche vor. Dort fiel ihr neben dem Waschbecken ein Brett auf, neben dem ein Messer und eine Notiz lag.

falsche Antwort

Wie viele gerade Schnitte sind mindestens nötig, damit sieben Stücke mit je einer Mandel entstehen? Zeichne Deine Schnitte in den Lebkuchen ein. Die Anzahl der Schnitte verwendest Du für das Code-Schloss.

Hinweise auf Seite 144

Antwort	1	2	3	4	5	6	7	8	9	10 & mehr
Seite	18	20	24	26	34	42	46	58	62	74

Lösung

11. Eine gute Tat

Wenn Du den Lebkuchen wie unten dargestellt aufteilst, entstehen mit nur drei Schnitten genau sieben Stücke mit je einer Mandel.

Theoretisch könntest Du die Stücke nach dem ersten Schneiden auch aufeinanderlegen und weiter schneiden. Da das Messer aber so stumpf ist, würdest Du mit dieser Methode wohl kaum Erfolg haben.

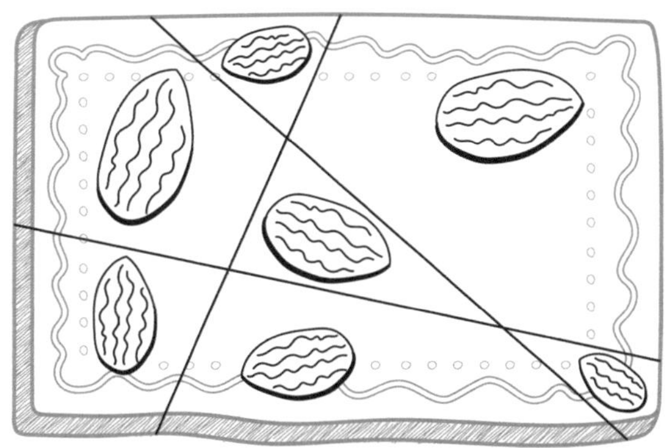

Die Antwort könnte richtig sein. Vergleiche sie mit der Lösung auf Seite 96.

Trage Deine verdienten Federn ein und fahre morgen auf der nächsten Seite mit der Geschichte fort.

12 Fremde mal Sieben

12. Fremde mal Sieben

Nachdem sie jedes Zimmer der Hütte aufgeräumt und saubergemacht hatte, war Schneewittchen so müde, dass sie kaum noch die Augen offenhalten konnte. Sie ging zu einem der Betten und legte sich dort schlafen.

Am späten Abend wurde sie durch Geflüster geweckt.

„Sie hat sogar das Geschirr gespült und weggeräumt!"

„Der Boden war nie so sauber!"

„Wo sie wohl herkommt?"

Schneewittchen öffnete die Augen und sah in die Gesichter von sieben Zwergen, die sich um ihr Bett versammelt hatten. Sie wollte sich dafür entschuldigen, dass sie einfach ohne Erlaubnis ins Haus gekommen war und erzählte, wie sie allein im Wald gelandet war. Die Zwerge hörten ihr aufmerksam zu und waren über die Bosheit der Königin erschrocken. Schneewittchen versicherte, dass sie bestimmt nur ein paar Tage bleiben müsse und dann sicher etwas anderes finden würde, wo sie bleiben könnte. Die Zwerge lehnten jedoch ab und versicherten ihr, dass sie so lange bei ihnen in der Hütte bleiben dürfe, wie sie mochte. Sie waren ihr schließlich dankbar für die Sauberkeit und Ordnung, die nun im Haus herrschte. Wenn sie das weiterhin für sie tun könnte, durfte sie gern bleiben.

richtige Antwort – blättere auf Seite 92 und notiere Dir die erspielten Federn.

Einer der Zwerge verriet Schneewittchen, dass es bei sieben Zwergen gar nicht so leicht sei, Ordnung zu halten. „Eigentlich war das Saubermachen diese Woche die Aufgabe von Timeo. Doch er hat sich schon die ganze Zeit davor gedrückt", sagte einer der Zwerge.

„Hey", rief ein anderer, „machen wir ein Spiel daraus! Ob unser Schneewittchen erraten kann, wer von uns Timeo ist?"

Als Schneewittchen ihnen verriet, dass sie Rätselspiele liebte, stellten sie sich hintereinander auf und gaben ihr einige Hinweise:

„Sowohl vor als auch hinter Timeo stehen noch weitere Zwerge. Er steht aber hinter weniger Zwergen als die Anzahl an Zwergen, die hinter ihm steht. Außerdem ist es nicht der Zwerg, der sich als Zweites eingereiht hat."

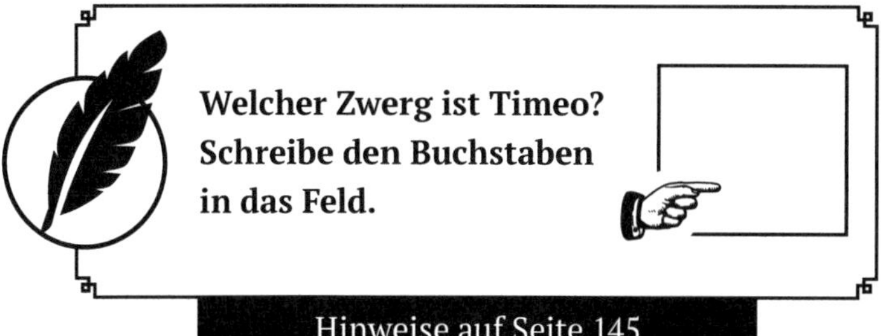

Welcher Zwerg ist Timeo? Schreibe den Buchstaben in das Feld.

Hinweise auf Seite 145

Antwort	A	B	C	D	E	F	G
Seite	110	130	135	140	148	150	153

Lösung

12. Fremde mal Sieben

Timeo steht auf Platz C. Da sowohl vor als auch hinter ihm Zwerge stehen, scheiden A und G sofort aus. Da vor ihm weniger Zwerge stehen als hinter ihm, kann es auch nicht D, E oder F sein.

Der letzte Tipp der Zwerge verrät, dass es nur C sein kann, da B als Zweites in der Reihe steht.

Trage Deine verdienten Federn ein.

Zwischenstopp

Bevor Du fortfährst, wäre jetzt ein guter Augenblick, Deine bisher verdienten Federn aus den Rätseln 1 bis 12 (Seite 12 bis 56) zusammenzuzählen.

Trage hier Deine Zwischensumme ein und fahre morgen auf der nächsten Seite mit der Geschichte fort.

13
Wertvoller Besitz

13. Wertvoller Besitz

Einige Tage zogen ins Land und Schneewittchen lebte sich gut bei den sieben Zwergen ein. Während die Zwerge ihrer Arbeit in den Minen nachgingen, blieb Schneewittchen in der Hütte und kümmerte sich um den Haushalt. Die Zwerge waren froh, dass sie bei ihnen war. So hatten sie nicht nur Unterstützung im Haus, sie freuten sich auch jeden Tag über das fröhliche und gutherzige Gemüt von Schneewittchen. Sie wollten sich aufrichtig bei ihr bedanken, dass sie immer so gut zu ihnen war. Da außerdem Weihnachten immer näher rückte, überlegten sie sich ein Geschenk für Schneewittchen.

In den Minen gruben sie nach verschiedenen Edelsteinen und brachten eines Tages einige davon mit, damit sich Schneewittchen einen davon aussuchen konnte. Sie zeigten Schneewittchen die Steine und wollten, dass sie einen für sich auswählte. Schneewittchen jedoch wollte nicht, dass die Zwerge ihr ein so teures Geschenk machten und lehnte ab. Das machte die Zwerge aber so traurig, dass sie sich dafür entschied, das Geschenk doch anzunehmen. Sie wollte aber darauf achten, dass sie den Stein auswählte, der am wenigsten wert war.

Die Zwerge breiteten einige Steine vor ihr aus. „Siehst du diesen hier? Den könnte ich für ganze 38 Goldtaler verkaufen!“, sagte ein Zwerg und zeigte auf einen der Steine. „Der hier würde mir sogar 86 Taler einbringen“, sagte er und zeigte auf den Stein daneben. Obwohl er noch nicht verraten hatte, was die anderen Steine wert waren, wusste Schneewittchen bereits, für welchen Stein sie sich entscheiden würde.

falsche Antwort

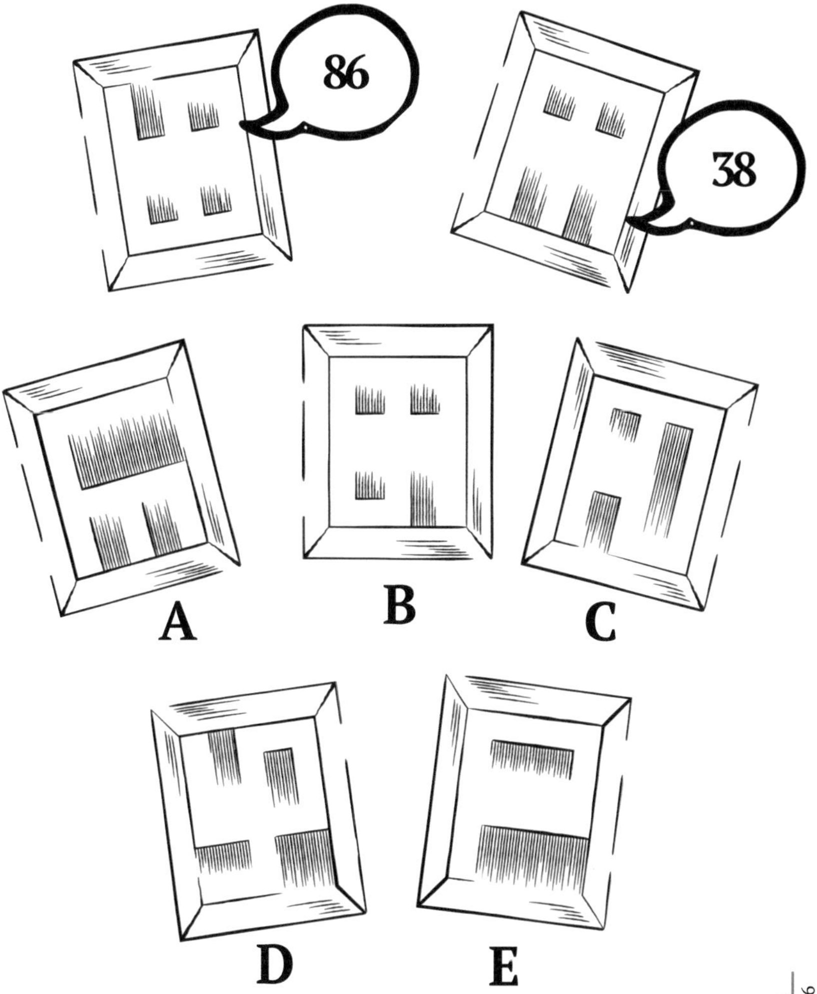

86

38

A B C

D E

Welcher Stein ist am wenigsten wert und sollte von Schneewittchen ausgewählt werden? Notiere den Buchstaben des Steines in dem Feld.

Hinweise auf Seite 146

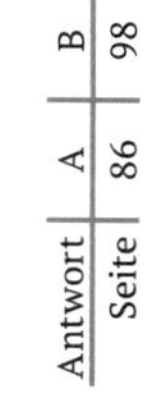

Antwort	A	B	C	D	E
Seite	86	98	106	126	136

Lösung

13. Wertvoller Besitz

Schneewittchen entscheidet sich für Stein C, da er mit einem Wert von 29 Talern der mit dem niedrigsten Wert ist.

Der Wert der Steine lässt sich erkennen, wenn sie um 90 Grad gedreht und in der Mitte mit einer Geraden getrennt werden. So fällt auf, dass der Wert jedes Steines durch Ziffern angezeigt wird.

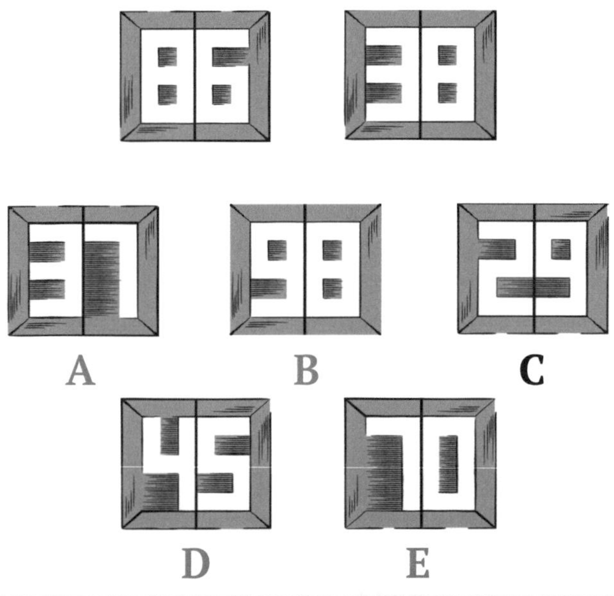

Trage Deine verdienten Federn ein und fahre morgen auf der nächsten Seite mit der Geschichte fort.

richtige Antwort – blättere auf Seite 88 und notiere Dir die erspielten Federn.

14

Das Schutzpulver

14. Das Schutzpulver

Im Königsschloss saß die kleine Fee noch immer gefangen in ihrem Käfig. Von dort aus beobachtete sie, wie die Königin erneut vor den Spiegel trat und ihn ein weiteres Mal fragte: „Spieglein, Spieglein an der Wand, wer ist die Schönste im ganzen Land?"

„Ihr, meine Königin, seid die Schönste in diesem Land. Doch Schneewittchen, hinter den sieben Bergen, bei den sieben Zwergen ist noch tausendmal schöner als Ihr."

„Soll das etwa heißen, Schneewittchen lebt?", brüllte die Königin in Rage. „Hat der Jägersmann etwa meinen Befehl missachtet? Für immer im Kerker eingesperrt soll er bleiben, bis er verrottet. Ich werde mich selbst um die Göre kümmern und sie ein für alle Mal aus der Welt schaffen."

falsche Antwort

Die Fee lauschte erschrocken den schrecklichen Worten der Königin. Jetzt musste schnell etwas passieren. Wie könnte sie Schneewittchen nur warnen? Wie es der Zufall wollte, kam ein kleines Glühwürmchen durch das Fenster geflogen und sah die Fee im Käfig. Es kam zu ihr herüber und erzählte ihr, dass es ihre Botschaft gefunden habe und nachsehen wollte.

Die Fee erzählte von Schneewittchen und dem bösen Plan der Königin. Ohne ihren Zauberstab hatte sie kaum noch magische Kräfte. Mit dem letzten bisschen an magischer Kraft, wollte die Fee ein Pulver herstellen, das Schneewittchen vor der Königin schützen sollte. Das Glühwürmchen erklärte sich sofort dazu bereit, das Pulver zu Schneewittchen zu bringen.

Die Fee kniete sich auf den Boden des Käfigs, der von einer dicken Staubschicht bedeckt war. Sie hob ihren Finger, der dank der letzten magischen Kraft noch etwas kribbelte, und malte einige Muster auf den Boden. Doch dann hielt sie inne. Sie konnte sich nicht an das vierte Zeichen erinnern, das den Staub in ein Schutzpulver verwandeln sollte.

Alles, was sie wusste, war nur, dass die Zeichen eine logische Reihenfolge bildeten.

Antwort	A	B	C	D	E	F
Seite	102	122	137	144	148	162

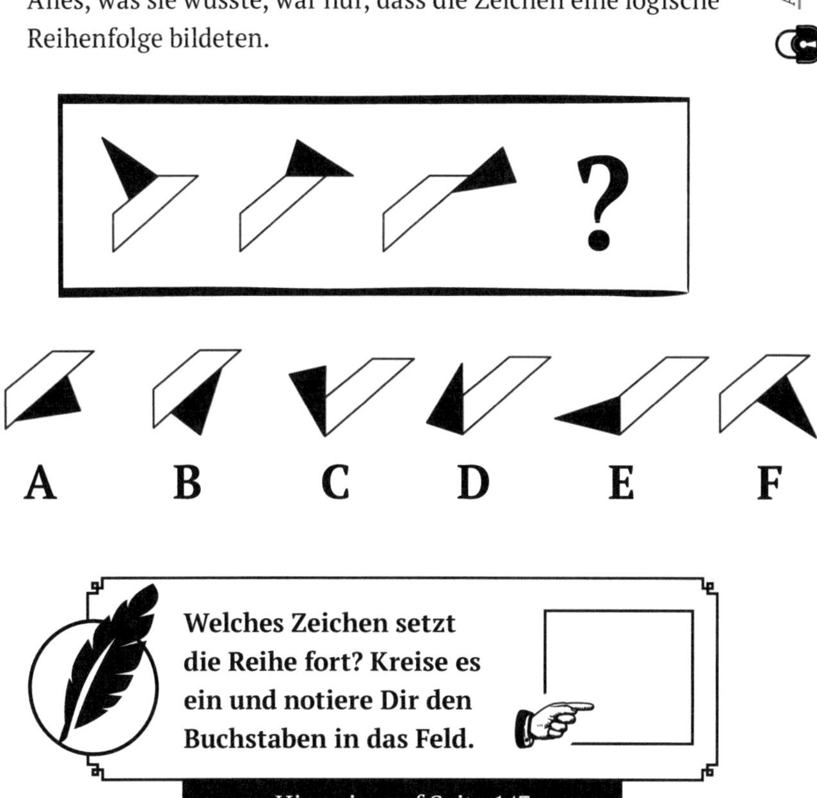

Welches Zeichen setzt die Reihe fort? Kreise es ein und notiere Dir den Buchstaben in das Feld.

Hinweise auf Seite 147

Lösung

14. Das Schutzpulver

In der Reihe muss als nächstes Form B folgen. Bei genauem Hinsehen bewegt sich die schwarze Form im Uhrzeigersinn um die weiße Form. Dabei kippt sie immer wieder nach vorne.

 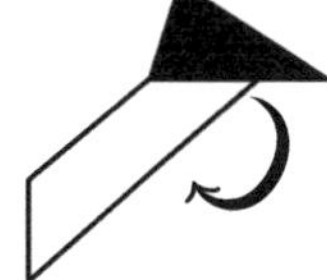  

Trage Deine verdienten Federn ein und fahre morgen auf der nächsten Seite mit der Geschichte fort.

Eine rätselhafte Anweisung

15. Eine rätselhafte Anweisung

Im Haus der Zwerge saßen derweil alle zusammen am großen Tisch und unterhielten sich. Unter anderem sollten Pläne für den Weihnachtsabend gemacht werden und gerade als Schneewittchen darüber sprach, was sie dann wohl kochen sollte, hörten sie ein zartes Klopfen am Fenster. Schneewittchen drehte sich um und sah ein kleines Glühwürmchen, das vor dem Fenster wartete. Sie öffnete ihm und ließ es herein, woraufhin es aufgeregt zu erzählen begann.

„Du musst Schneewittchen sein! Ein Glück, dass ich dich gefunden habe!" Es berichtete von der gefangenen Fee und dem bösen Plan der Königin und gab zu verstehen, wie ernst die Lage war.

Auch die Zwerge waren bei dieser Geschichte ganz unruhig geworden. Einer von ihnen, der ängstliche Timeo, hatte schon beinahe alle seine Fingernägel vor Nervosität abgenagt. Der ernste Sovaro dagegen, überlegte bereits, wie man dieser misslichen Lage entkommen könnte.

Letztendlich jedoch war es Ingeni, der ideenreichste der Zwerge, der zuerst das Wort an Schneewittchen richtete. „Du darfst auf keinen Fall die Hütte verlassen, meine Liebe! Auch wenn wir außer Haus sind, darfst du keinem Fremden die Türe öffnen."

richtige Antwort – blättere auf Seite 112 und notiere Dir die erspielten Federn.

Das Glühwürmchen stimmte ihm zu und erzählte von dem Schutzpulver, das die gute Fee für Schneewittchen hergestellt hatte. Niemand mit bösen Absichten würde das Haus betreten können, wenn das Pulver verteilt würde.

Als es den Beutel mit dem Pulver hervorholte, fiel allerdings ein Zettel, der daran befestigt war, zu Boden. Die Fee hatte eine Bedienungsanleitung zu dem Pulver dazugelegt, dort sollte auch erklärt werden, wie man den Zauber aktiviert.

Timeo hob den Zettel auf und schaute verwirrt in die Runde. „Das verstehe ich nicht“, sagte er. „Hier steht, wir sollen das Pulver vor jeder Tür und jedem Fenster verteilen. Danach muss der Zauber aber noch aktiviert werden, indem man sich so häufig um sich selbst dreht, wie das kleine Dreieck auf der Zeichnung in das große Dreieck passt. Aber woher sollen wir wissen, wie oft das ist?“

Schneewittchen nahm ihm den Zettel aus der Hand und sah sich die Zeichnung einmal genau an. „Timeo“, sagte sie, „geh mit den anderen und verteile das Pulver vor allen Türen und Fenstern. Ich glaube, ich kann das Rätsel lösen …“

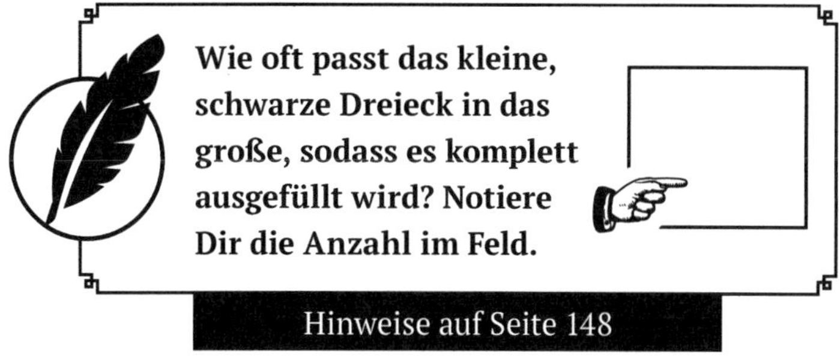

Wie oft passt das kleine, schwarze Dreieck in das große, sodass es komplett ausgefüllt wird? Notiere Dir die Anzahl im Feld.

Hinweise auf Seite 148

Antwort	Seite
2	150
2,5	130
3	102
3,5	139
4	141
4,5	134
5	144
5,5	126
6	110
6,5 & mehr	98

Lösung

15. Eine rätselhafte Anweisung

Das kleine Dreieck passt ganze vier Mal in das große.

Auf den ersten Blick ist das vielleicht gar nicht so leicht zu erkennen. Wird das kleine Dreieck jedoch gedreht (der Kreis ist die Hilfestellung), ist die Lösung leicht zu erahnen.

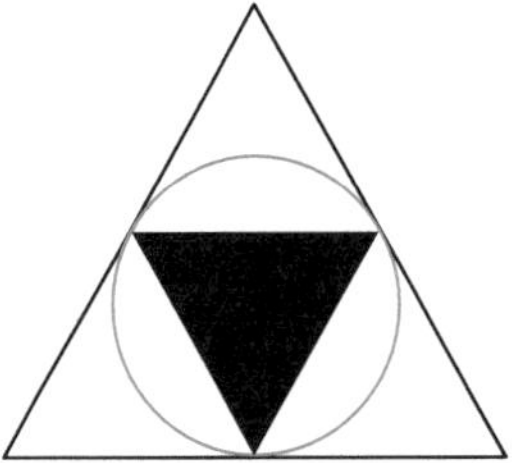

falsche Antwort

Trage Deine verdienten Federn ein und fahre morgen auf der nächsten Seite mit der Geschichte fort.

16

Ein ungutes Gefühl

16. Ein ungutes Gefühl

Bereits einige Minuten später war das Haus mit dem Pulver versehen und der Zauber aktiviert. Am nächsten Tag jedoch, mussten die Zwerge wieder zurück in die Mine, um weiter nach Edelsteinen zu graben, die sie auf dem Markt verkaufen konnten. Sie verließen das Haus, doch bevor sie die Tür hinter sich schlossen, drehte sich Sovaro noch einmal zu Schneewittchen um. „Öffne keinem Fremden die Türe! Wir dürfen keine Fremden hereinlassen oder mit ihnen sprechen!"

Schneewittchen nickte und wünschte ihnen einen schönen Tag. Dann machte sie sich an die Hausarbeit.

Zur Mittagszeit, als die Sonne gerade am höchsten stand, sah sie plötzlich durchs Fenster ein bekanntes Gesicht am Gartenzaun. Es war der Jäger, der sie damals hat entkommen lassen. Ihre Blicke trafen sich und beide fingen an zu lächeln.

Schneewittchen wollte gerade zur Tür laufen, um ihn zu begrüßen, als ihr etwas auffiel. Irgendetwas schien an dem Jäger anders zu sein als vorher. Sie konnte allerdings noch nicht genau sagen, woran es lag. Bei genauerem Betrachten seiner Jägerskluft wurde ihr dann klar, dass sich einer der Knöpfe von den anderen unterschied. Jede Knopfreihe folgte einem bestimmten Muster, doch die unterste Reihe schien diesem Prinzip nicht zu folgen.

Schneewittchen überlegte deshalb, wie der letzte Knopf der Reihe eigentlich aussehen müsste, während sie sich auf den Weg zur Tür machte.

Die Antwort könnte richtig sein. Vergleiche sie mit der Lösung auf Seite 20.

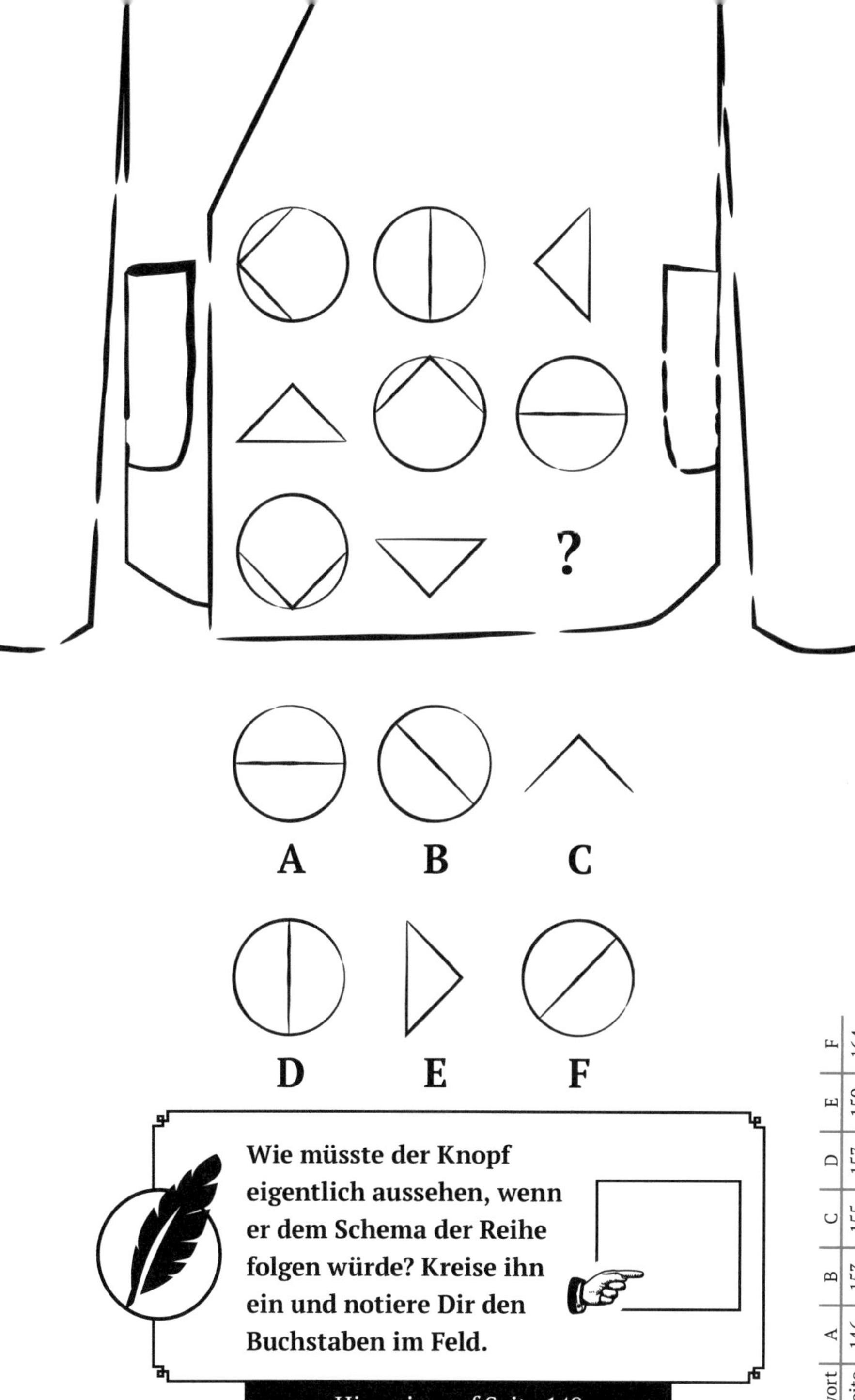

Wie müsste der Knopf eigentlich aussehen, wenn er dem Schema der Reihe folgen würde? Kreise ihn ein und notiere Dir den Buchstaben im Feld.

Hinweise auf Seite 149

Antwort	A	B	C	D	E	F
Seite	146	153	155	157	159	164

Lösung

16. Ein ungutes Gefühl

Das Symbol mit dem Buchstaben A muss eingesetzt werden.

Pro Reihe ergeben die Linien in den Kreisen das jeweilige Dreieck der Reihe, wenn sie übereinandergelegt werden.

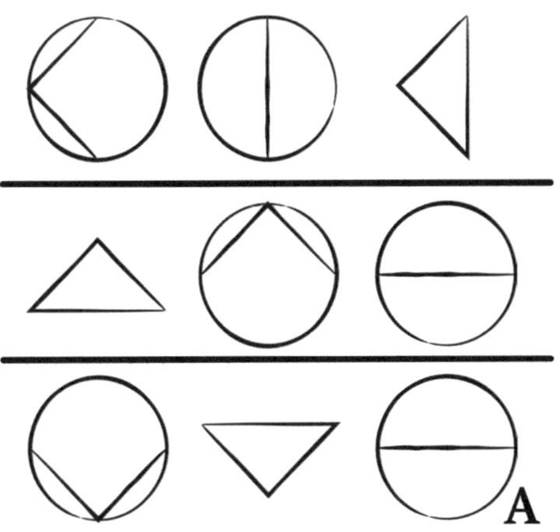

Trage Deine verdienten Federn ein und fahre morgen auf der nächsten Seite mit der Geschichte fort.

Ein Rätsel für einen Bissen

17. Ein Rätsel für einen Bissen

Als sie die Tür erreicht hatte, wusste sie die Antwort. Doch dann, beim Ergreifen der Türklinke, kam ihr die nächste Frage in den Sinn: Sollte sie den Jäger wirklich hereinbitten? Die Zwerge hatten ihr doch extra verboten, Fremde ins Haus zu lassen oder mit ihnen zu sprechen. Doch dann kam ihr ein Gedanke: Der Jäger war schließlich kein Fremder. Sie kannte ihn ja bereits. War es dann also wirklich so schlimm, ihn wenigstens kurz zu begrüßen?

Schneewittchen beschloss, zu ihm hinauszugehen. Er war schließlich kein schlechter Mensch, das wusste sie. Sie trat vor die Tür und lief zu ihm an den Zaun.

„Mein guter Jäger, was führt dich her?“, fragte sie.

falsche Antwort

Der Jäger antwortete ihr und sagte, er habe auf dem Weg die Hütte gesehen und wollte sich nach ihr erkundigen. Er fragte, wie es ihr ergangen sei, seit sie das Schloss verlassen hatte. Schneewittchen erzählte ihm alles darüber und auch von den sieben Zwergen, bei denen sie nun lebte. Der Jäger schien sehr interessiert an ihrer Geschichte.

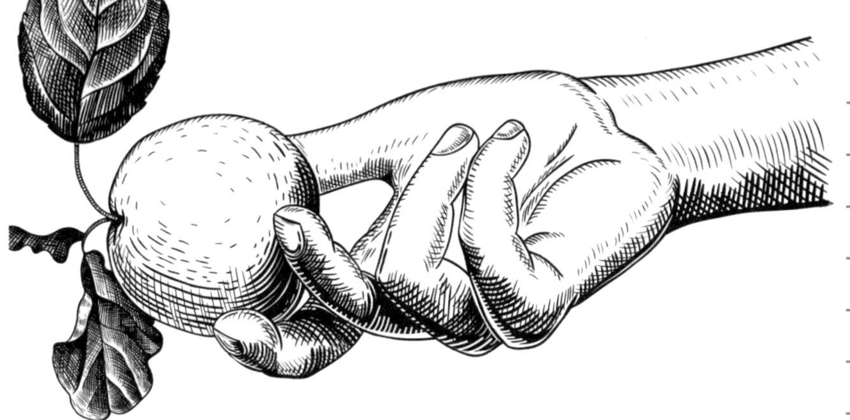

Als Schneewittchen dann fragte, ob er wohlauf sei, erzählte er ihr von einem magischen Baum, an dem er soeben vorbeigekommen war. Der Baum habe die schönsten Äpfel getragen, die er je gesehen hatte und sie seien so süß und aromatisch wie keine sonst im Land – und das auch im Winter. Natürlich wollte Schneewittchen daraufhin auch von den Äpfeln kosten und der Jäger griff in seine Tasche und zog eine der Früchte hervor. „Wenn du mir ein Rätsel lösen kannst“, sagte er, „dann schenke ich dir einen.“

Das ließ sich Schneewittchen nicht zweimal sagen. Also stellte der Jäger seine Frage:

Wenn einer es hat, bleibt es bestehen. Wird es geteilt, hört es auf zu existieren. Was ist es?

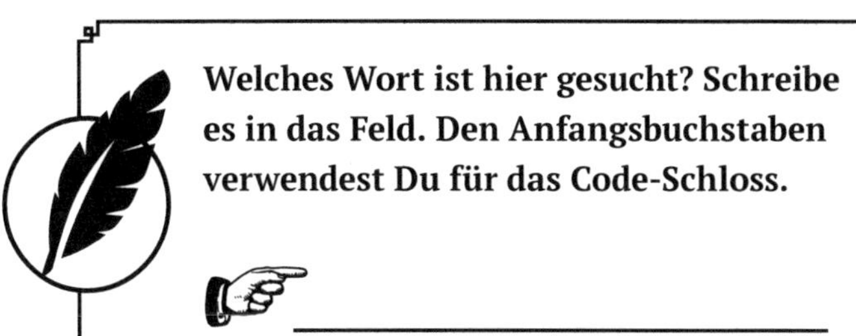

Welches Wort ist hier gesucht? Schreibe es in das Feld. Den Anfangsbuchstaben verwendest Du für das Code-Schloss.

Hinweise auf Seite 150

Antwort	A	B	C	D	E	F	G	H	I	J	K	L	M	N	O	P	Q	R	S	T	U	V	W	X	Y	Z
Seite	162	98	58	157	159	42	114	155	94	14	150	153	18	34	86	144	50	10	139	20	126	26	164	102	82	46

Lösung

17. Ein Rätsel für einen Bissen

Bei dem Gesuchten handelt es sich um ein Geheimnis.

Hält man es geheim, so bleibt es bestehen, sobald es jedoch mit jemand anderem geteilt wird, also verraten wird, ist es kein Geheimnis mehr.

Trage Deine verdienten Federn ein und fahre morgen auf der nächsten Seite mit der Geschichte fort.

18

Der versteckte Weg

18. Der versteckte Weg

Als Schneewittchen dem Jäger die richtige Antwort nannte, gab er ihr den Apfel und bestand darauf, dass sie ihn sofort probieren sollte. Da Schneewittchen noch nie einen so prallen, roten Apfel in der Hand hatte, tat sie dies auch gleich.

Sie biss beherzt in den Apfel und schluckte den ersten Bissen hinunter, als sie plötzlich merkte, wie ihr ganz schwummrig wurde. Noch bevor sie dem Jäger sagen konnte, dass sie sich nicht gut fühlte, gaben ihre Knie nach und sie fiel zu Boden. Der Jäger trat über sie und ein breites Lächeln erschien auf seinem Gesicht. Kurz darauf veränderte sich sein Gesicht erneut. Diesmal allerdings nicht nur der Ausdruck darauf, sondern das komplette Aussehen. Es war die böse Königin, die lediglich die Magie des Spiegels genutzt hatte, um ihr Aussehen zu ändern!

Sie sah noch einmal auf Schneewittchen herab und flüsterte: „Jetzt bin ich endlich die Schönste weit und breit." Dann drehte sie sich ohne einen weiteren Blick um und verschwand im dichten Wald.

Zu Schneewittchen, die reglos am Boden lag, kam schnell das Glühwürmchen geflogen, das alles mitangesehen hatte. Panisch versuchte es, Schneewittchen wieder aufzuwecken, doch nichts schien zu helfen. In einem letzten Versuch streute es das übrige Schutzpulver, das sich noch im Beutel befand, über Schneewittchens Körper, doch auch das schien nicht zu helfen. Eilig entschied es, die Zwerge in der Mine zu suchen und ihnen alles zu erzählen. Doch wo genau befand sich die Mine?

richtige Antwort – blättere auf Seite 24 und notiere Dir die erspielten Federn.

Es erinnerte sich an die Wegbeschreibung, die einer der Zwerge gegeben hatte:

„Wenn du von unserer Hütte aus startest, musst du an einem Feld mit Winterrosen rechts abbiegen. Das ist dann auch das einzige Rosenfeld, an dem du vorbeikommst. Außerdem wirst du nur an zwei Apfelbäumen entlanglaufen, die sich an einer geraden Straße befinden, und musst insgesamt nur zweimal rechts und zweimal links abbiegen.“

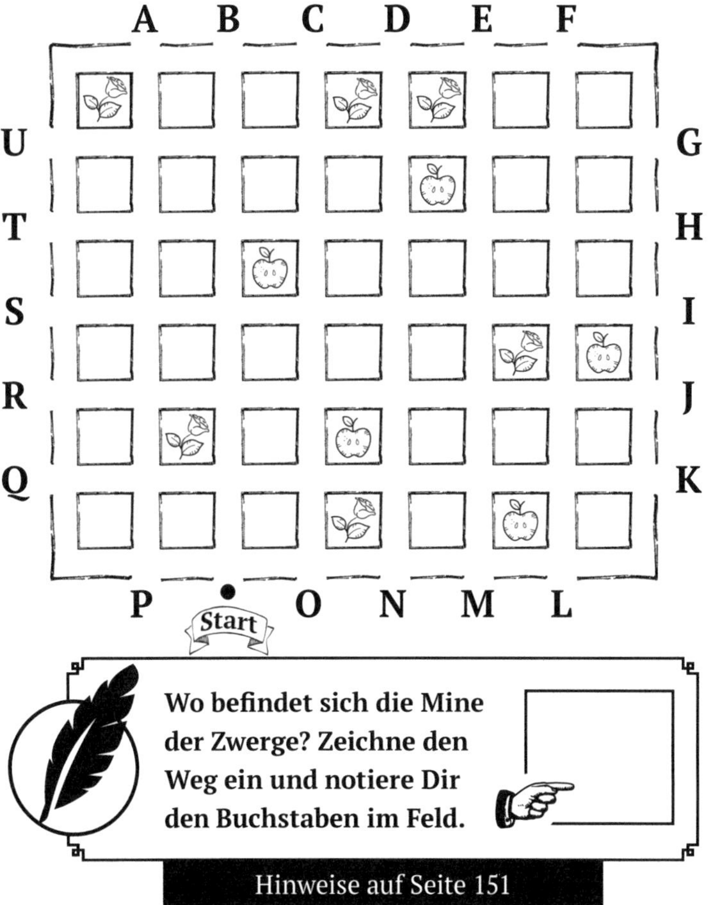

Hinweise auf Seite 151

Antwort	A	B	C	D	E	F	G	H	I	J	K	L	M	N	O	P	Q	R	S	T	U
Seite	162	98	58	74	159	142	26	155	94	14	150	153	18	34	86	144	50	10	139	62	126

Lösung

18. Der versteckte Weg

Die Mine befindet sich bei Buchstabe F. Nur wenn das Glühwürmchen dem Weg wie dargestellt folgt, kommt es an den genannten Punkten vorbei.

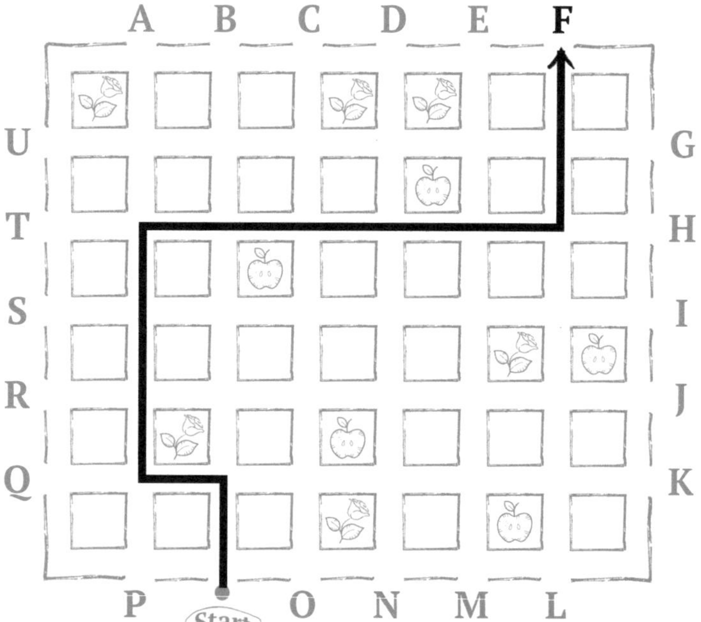

A B C D E **F**

U T S R Q

G H I J K

P O N M L

Start

Trage Deine verdienten Federn ein und fahre morgen auf der nächsten Seite mit der Geschichte fort.

19

Ein Pfad aus Schnee und Eis

19. Ein Pfad aus Schnee und Eis

Das Glühwürmchen erreichte den Stollen, gerade als ein schwerer Schneesturm aufzog. Es eilte durch die Gänge. Wie gut, dass es in dem dunklen Stollen leuchtete. Es fand schließlich die Zwerge, die in ihre Arbeit vertieft waren.

„Schnell!“, rief es. „Ihr müsst sofort zurück zum Haus! Die Königin griff Schneewittchen an!“

Die Zwerge schauten das Glühwürmchen erst ungläubig, dann voller Panik an. Sie wollten die ganze Geschichte von ihm hören und auf dem Weg nach draußen erzählte es ihnen, was es beobachtet hatte.

Am Ausgang der Mine hielten die Zwerge inne. Der Schneesturm war inzwischen so stark, dass es unmöglich war, sich von der Mine aus auf den Heimweg zu machen.

„Was sollen wir nur tun?“, fragte Timeo ängstlich.

Da kam Ingeni eine Idee. „Was ist mit dem unterirdischen Geheimgang? Wir haben ihn zwar lange nicht genutzt, aber er führt beinahe direkt zu unserer Hütte. Nehmen wir diesen Weg heim!“

falsche Antwort

Die Zwerge und das Glühwürmchen machten sich also schnell auf den Weg zum geheimen Pfad, doch als sie dabei auf ein Teil des Weges stießen, der völlig vereist war, mussten sie Halt machen.

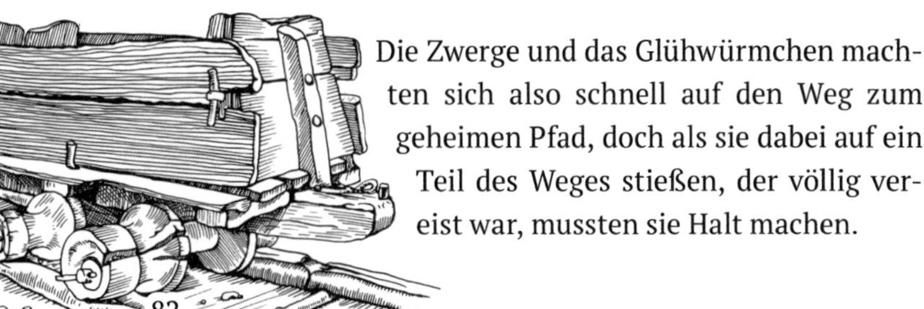

Wieder war es Ingeni, der einen Einfall hatte: „Gibt es nicht einen Weg, wie man das Eis überqueren kann? Es ist zwar so rutschig, dass man immer nur geradeaus schlittert, sobald man einen Schritt macht, aber die Begrenzungen auf dem Eis sollten uns helfen. An einer Begrenzung können wir die Richtung schließlich wieder ändern."

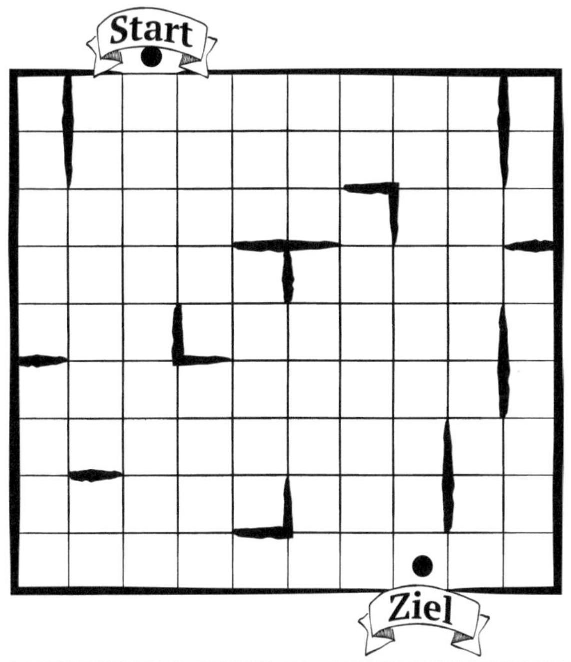

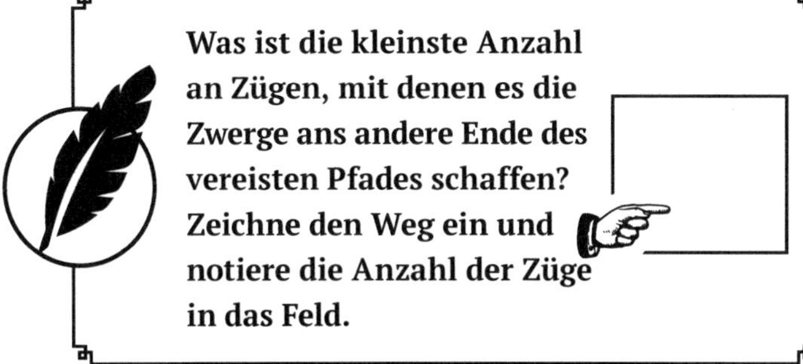

Was ist die kleinste Anzahl an Zügen, mit denen es die Zwerge ans andere Ende des vereisten Pfades schaffen? Zeichne den Weg ein und notiere die Anzahl der Züge in das Feld.

Hinweise auf Seite 152

Antwort	Seite
5 & weniger	26
6	155
7	94
8	14
9	28
10	153
11	18
12	34
13	86
14	144
15	50
16	10
17	139
18	62
19	126
20	162
21	98
22	58
23	74
24	159
25 & mehr	46

Lösung

19. Ein Pfad aus Schnee und Eis

Die Zwerge müssen mindestens neun Züge machen, um den vereisten Pfad zu überqueren. Es gibt noch andere Wege, bei denen jedoch mehr Züge notwendig sind.

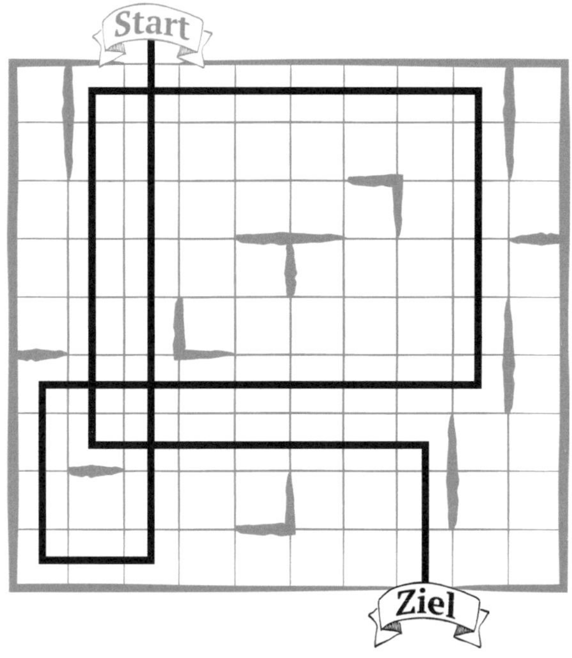

Trage Deine verdienten Federn ein und fahre morgen auf der nächsten Seite mit der Geschichte fort.

richtige Antwort – blättere auf Seite 128 und notiere Dir die erspielten Federn.

20

Ein würdiges Geschenk

20. Ein würdiges Geschenk

Über den vereisten Pfad gelangten die Zwerge schließlich zurück zu ihrer Hütte im Wald. Noch immer lag Schneewittchen reglos im Garten und die Zwerge trugen sie gemeinsam ins Haus. Dort legten sie sie behutsam nieder und versuchten, sie aufzuwecken. Noch immer regte sie sich nicht.

Die Zwerge und das Glühwürmchen senkten allesamt die Köpfe. Schneewittchen schien tot zu sein. Sie trauerten und weinten um sie und versprachen, dass sie immer einen Platz in ihren Herzen haben werde. Sie hatten zu wenig Zeit mit ihr verbringen können, dabei hatten sie sie doch so liebgewonnen.

Nach einiger Zeit entschlossen sich die Zwerge dazu, Schneewittchen einen Sarg aus Glas zu bauen, damit ihre Schönheit nie vergehen würde. Auch beschlossen sie, den Sarg mit den schönsten Juwelen zu schmücken, die sie finden konnten. Die Juwelen sollten mit Gravuren versehen werden, damit sie noch schöner wurden und der kleine Timeo hatte bereits einige dieser Gravuren auf die Edelsteine gezeichnet, die Schneewittchen sicher gefallen hätten. Auch hatte er drei Juwelen ausgewählt, die den Sarg auf jeden Fall schmücken sollten. Er konnte sich aber nicht entscheiden, welcher der vierte sein sollte.

Da trat Ingeni neben ihn und stellte fest, dass die bereits ausgewählten Juwelen alle einem bestimmten Schema folgten. „Bei den Juwelen passt einer aber ganz und gar nicht zu den anderen“, sagte er. Timeo sah sich die Juwelen daraufhin noch einmal genau an.

falsche Antwort

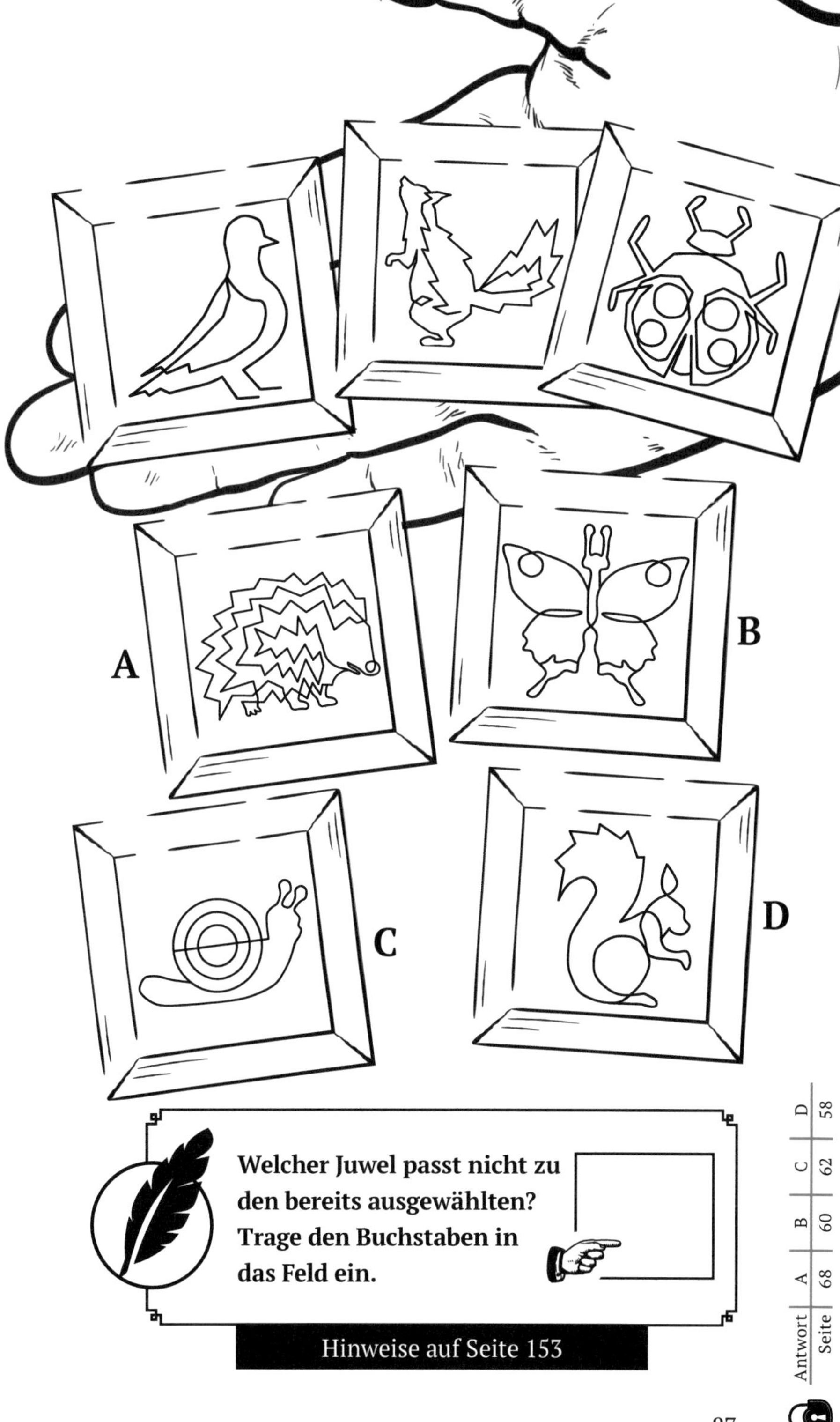

Welcher Juwel passt nicht zu den bereits ausgewählten? Trage den Buchstaben in das Feld ein.

Hinweise auf Seite 153

Antwort	A	B	C	D
Seite	68	60	62	58

Lösung

20. Ein würdiges Geschenk

Juwel B (der Schmetterling) passt nicht zu den anderen. Die übrigen Juwelen haben alle eine Gravur, die aus einer einzigen, durchgehenden Linie besteht, die man nachzeichnen könnte, ohne den Stift abzusetzen oder eine Linie doppelt zu zeichnen. Bei Juwel B müsste man aber mindestens einmal absetzen, um das Symbol zu zeichnen.

Trage Deine verdienten Federn ein und fahre morgen auf der nächsten Seite mit der Geschichte fort.

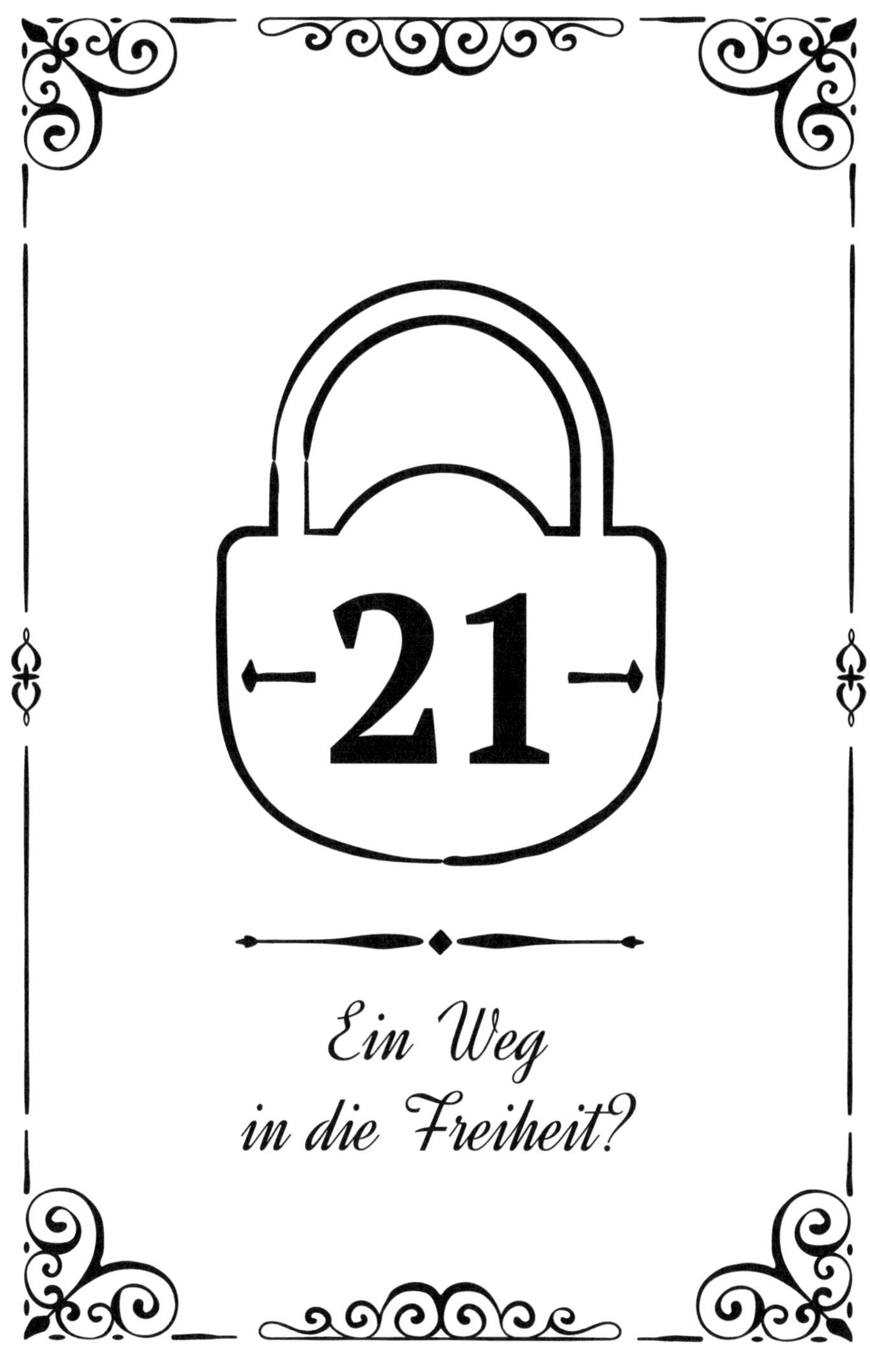

Ein Weg in die Freiheit?

21. Ein Weg in die Freiheit?

Während die Zwerge in ihrer Hütte um Schneewittchen trauerten, kam die böse Königin wieder im Schloss an. Sie konnte es kaum erwarten, endlich die Worte des Spiegels zu hören. Nun war sie endlich die Schönste weit und breit und niemand – auch nicht Schneewittchen – würde ihr diesen Titel streitig machen!

Um diesen Moment auch gebührend feiern zu können, beschloss sie, sich besonders feinzumachen. Sie ging in ihr Gemach und holte den schönsten und wertvollsten Schmuck hervor, den sie besaß. Sie ließ Diener rufen, die ihr die Haare so schön stecken sollten, wie nie zuvor und entschied sich für die teuersten Kleider, die in ihrem Schrank hingen.

Zurechtgemacht schritt sie dann vor den magischen Spiegel und sprach die Worte: „Spieglein, Spieglein an der Wand, wer ist die Schönste im ganzen Land?“

Der Spiegel sprach: „Ihr, meine Königin, seid die Schönste in diesem Land, doch Schneewittchen, hinter den sieben Bergen, bei den sieben Zwergen ist noch tausendmal schöner als Ihr“.

Die Königin tobte vor Wut. Hatte sie nicht selbst gesehen, wie Schneewittchen tot zu Boden fiel? Hatte das Gift im Apfel etwa nicht ausgereicht? Der Spiegel erklärte ihr, dass Schneewittchen durch ein magisches Schutzpulver nicht gestorben, sondern nur in einen tiefen Schlaf verfallen sei. In ihrer Wut stieß die Königin Möbel um, Vasen gingen zu Bruch,

richtige Antwort – blättere auf Seite 132 und notiere Dir die erspielten Federn.

und Schreie des Hasses hallten durch die Schlossmauern. Dann hielt sie inne. Wenn Schneewittchen noch immer lebte, dann musste sie die Prinzessin wohl noch einmal töten und ihr am besten auch gleich das Gesicht verunstalten.

Als sie diesen Gedanken laut äußerte, hörte sie die gute Fee in ihrem Käfig nach Luft schnappen. Sie hatte die Fee schon ganz vergessen und ging nun zu ihr. „Ohne einen Zauberstab, bist du ohnehin machtlos. Wenn du mir ein Rätsel löst, lasse ich dich frei."

Dann zeigte sie ihr eine Karte der königlichen Ländereien und ihrer Grenzen. „Wenn A = 3, B = 2 und C = 3 ist, was ist dann D?"

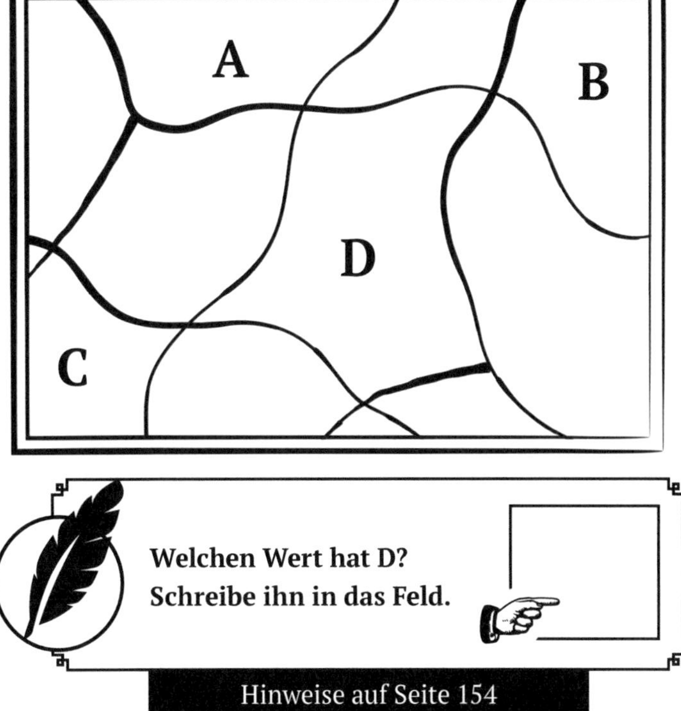

Welchen Wert hat D?
Schreibe ihn in das Feld.

Hinweise auf Seite 154

Lösung

21. Ein Weg in die Freiheit?

D hat den Wert 5. Der Wert der Buchstaben bestimmt sich dadurch, wie viele weitere Flächen an das entsprechende Feld grenzen.

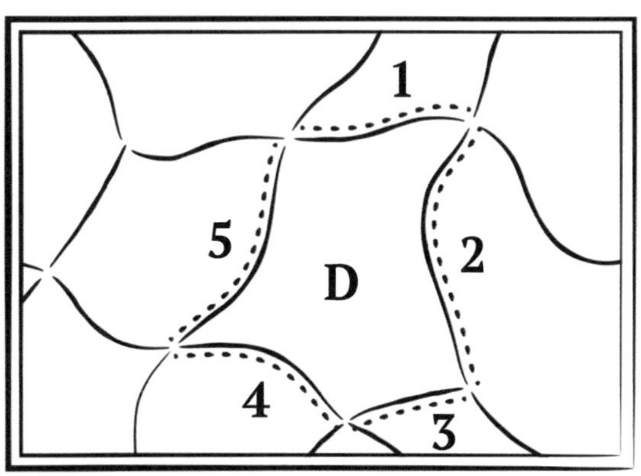

22

Fremde Gesellschaft

22. Fremde Gesellschaft

Die Zwerge hatten gerade Schneewittchens Sarg fertiggestellt, als es an der Tür klopfte. Noch immer in Trauer gingen sie zum Eingang der Hütte und riefen hinaus: „Wer ist da? Was willst du hier?“

Eine männliche Stimme antwortete ihnen, dass er auf seiner Reise von dem plötzlichen Schneesturm überrascht wurde und dann auf die Hütte gestoßen sei. Er bat die Zwerge, ihn hineinzulassen, sodass er in der Hütte Schutz vor dem Sturm suchen konnte. Die Zwerge berieten sich untereinander.

„Wir können ihn nicht hereinlassen! Es ist ein Fremder!“, sagte der eine.

„Doch, wir müssen ihn hineinbitten! Der Sturm draußen ist viel zu gefährlich“, gab ein anderer zu bedenken.

„Doch was, wenn er unserem Schneewittchen etwas zuleide tun will?“ Die Zwerge sahen sich an und dachten an Schneewittchen in ihrem Sarg.

falsche Antwort

„Nun, für unser Schneewittchen ist es traurigerweise ohnehin bereits zu spät … wir sollten ihren Sarg aber gut vor neugierigen Augen verstecken, damit sie zumindest in Frieden ruhen kann."

Sie verstauten den Sarg sicher und gingen dann erneut zur Tür. Als Sovaro gerade die Tür öffnen wollte, hielt Timeo ihn jedoch davon ab. „Warte! Er soll uns zuerst eine Frage beantworten. So können wir herausfinden, ob er ein kluger Mensch ist und auch nichts Böses im Sinn hat."

Die Zwerge überlegten, welche Frage sie ihm stellen konnten. Dann kam ihnen eine Idee: „Beantworte uns diese Frage, dann lassen wir dich ein:"

Vier Spieler spielten die ganze Nacht,
sie haben mit Eifer ihr Spiel gemacht.

Kein einziges Wort war zu vernehmen,
doch mangelte es nicht an Themen.

Keiner verlor und jeder gewann,
wer waren die Spieler? O, sage es an!

Wer ist gesucht? Schreibe Deine Antwort in das Feld. Den Anfangsbuchstaben verwendest Du für das Code-Schloss.

Hinweise auf Seite 155

Antwort	A	B	C	D	E	F	G	H	I	J	K	L	M	N	O	P	Q	R	S	T	U	V	W	X	Y	Z
Seite	162	98	58	74	159	42	18	155	157	14	150	153	52	34	86	144	50	10	139	68	126	26	164	102	82	46

Lösung

22. Fremde Gesellschaft

Es ist nicht von Spielern eines Spiels die Rede, sondern von Musikern, die auf ihren Instrumenten spielen.

Schauspieler, die ein Stück spielen, sind nicht gemeint, da der Vers von stummen Personen spricht. Der Begriff „Themen“ findet sich auch in der Musikwelt wieder.

Trage Deine verdienten Federn ein.

Zwischenstopp

Bevor Du fortfährst, wäre jetzt ein guter Augenblick, Deine bisher verdienten Federn aus den Rätseln 13 bis 22 (Seite 60 bis 96) zusammenzuzählen.

Trage hier Deine Zwischensumme ein und fahre morgen auf der nächsten Seite mit der Geschichte fort.

Hoher Besuch

23. Hoher Besuch

Die Zwerge ließen den Fremden eintreten, als er ihnen die richtige Antwort nannte. Sie gaben ihm eine Decke und einen heißen Tee in die Hand und sagten ihm, er solle sich erst einmal am Feuer des Kamins aufwärmen.

Sie konnten kaum noch einen Satz zu ihm sagen, als es erneut an der Tür klopfte und eine Stimme ertönte. „Hier ist Prinz Arundel aus dem Nachbarland! Lasst mich ein, ich will mich vor dem Sturm in Sicherheit bringen!“

Die Zwerge sahen sich an. Konnte das tatsächlich der gute Prinz sein, unter dessen Schutz das Land hinter den Bergen stand? Sie sahen aus dem Fenster und erspähten einen jungen Mann, der in die edelsten Kleider gehüllt war. „Er muss es wohl sein“, dachten sie und wollten die Tür öffnen.

falsche Antwort

Doch wieder äußerte der ängstliche Timeo seine Bedenken. „Lasst uns auch ihm ein Rätsel stellen. So können wir uns sicherer fühlen und auch unserem Gast gegenüber wäre das nur fair.“

Sie sahen hinüber zu ihrem Gast, der nun zwar nicht mehr durchgefroren schien, sie aber aufmerksam beobachtete. Immer wieder huschte sein Blick zum Fenster. Er schien nervös zu sein, dass der Prinz vor der Hütte wartete.

„Guter Prinz!“, riefen die Zwerge nach draußen. „Errate, welches Wort sich hinter den Buchstaben auf dem Boden versteckt, und wir lassen dich gern ein!“

Der Fremde sah sich um und entdeckte unter einem Unterstand einige Steinkreise, in denen sich Buchstaben befanden. Er trat näher heran und sah sie sich genau an.

Welches Wort ist gesucht? Schreibe es in das Feld. Den Anfangsbuchstaben verwendest Du für das Code-Schloss.

Hinweise auf Seite 156

Antwort	A	B	C	D	E	F	G	H	I	J	K	L	M	N	O	P	Q	R	S	T	U	V	W	X	Y	Z
Seite	162	157	58	74	159	42	18	155	94	14	150	153	139	34	86	144	50	10	163	62	126	26	164	102	82	46

Lösung

23. Hoher Besuch

Das gesuchte Wort lautet „SICHERHEIT“. Wenn Du die Buchstaben nach der Größe der umschließenden Kreise ordnest, kommst Du ganz schnell auf die Lösung.

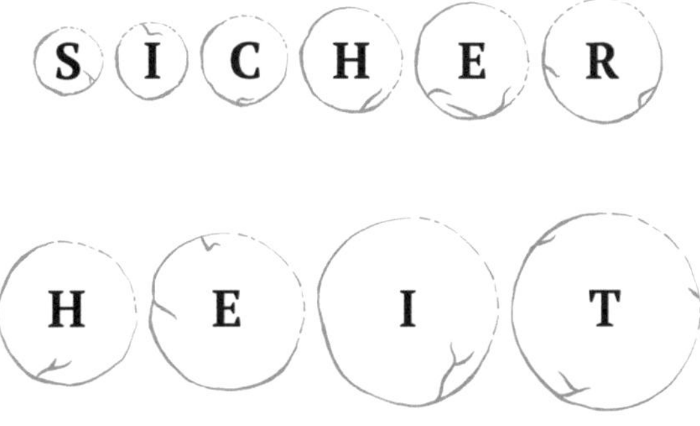

Trage Deine verdienten Federn ein und fahre morgen auf der nächsten Seite mit der Geschichte fort.

Ein königliches Puzzle

24. Ein königliches Puzzle

Als der Prinz den Zwergen die richtige Antwort nannte, öffneten sie ihm die Türe. Er trat näher und wollte gerade einen Schritt in die Hütte machen, als er plötzlich innehielt. Wieder versuchte er, über die Türschwelle zu treten, doch eine unsichtbare Wand schien ihn davon abzuhalten.

„Was ist denn …?“, fragte er sich, als den Zwergen das Schutzpulver einfiel, das noch immer an Türen und Fenstern lag. Ingeni nahm sich etwas Pulver von der Fensterbank. Damit schritt er vor den Prinzen und warf ihm das Pulver entgegen.

Der Prinz schrie auf und die Zwerge und der Fremde im Haus sahen zu, wie die edle Kleidung sich in Staub auflöste und die böse Königin unter ihrer Verkleidung hervorkam. Kaum war ihre Tarnung dahin, drehte sie sich schnell um und floh in den Wald hinein.

„Ich hatte mich schon gewundert …“, sagte der Fremde, „schließlich bin ich der echte Prinz Arundel.“

Erstaunt sahen ihn die Zwerge an. Er war also der Prinz! Um diesmal auch wirklich sicherzugehen, wollten die Zwerge ihm ein Rätsel stellen, das nur der Prinz selbst würde beantworten können.

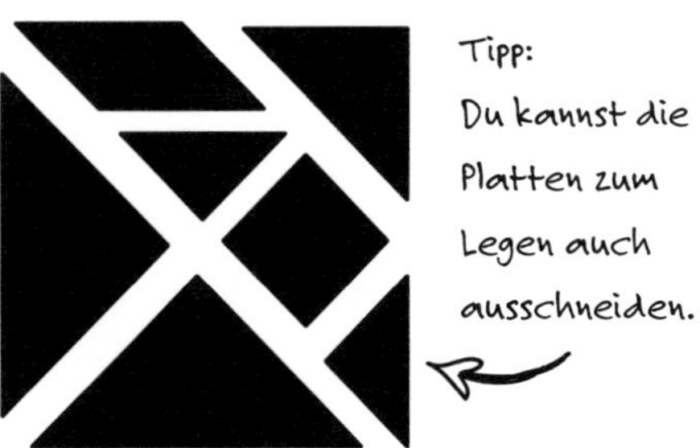

falsche Antwort

„Welche Krone trägt der Prinz? Du musst all diese schwarzen Platten nutzen, um die Krone zu legen. Welche ist die einzige Krone, die gelegt werden kann, wenn sie mit diesen Platten dargestellt werden soll, ohne dass sich die Platten überlappen oder andere außer dieser Teile und ihrer Anzahl verwendet werden?“

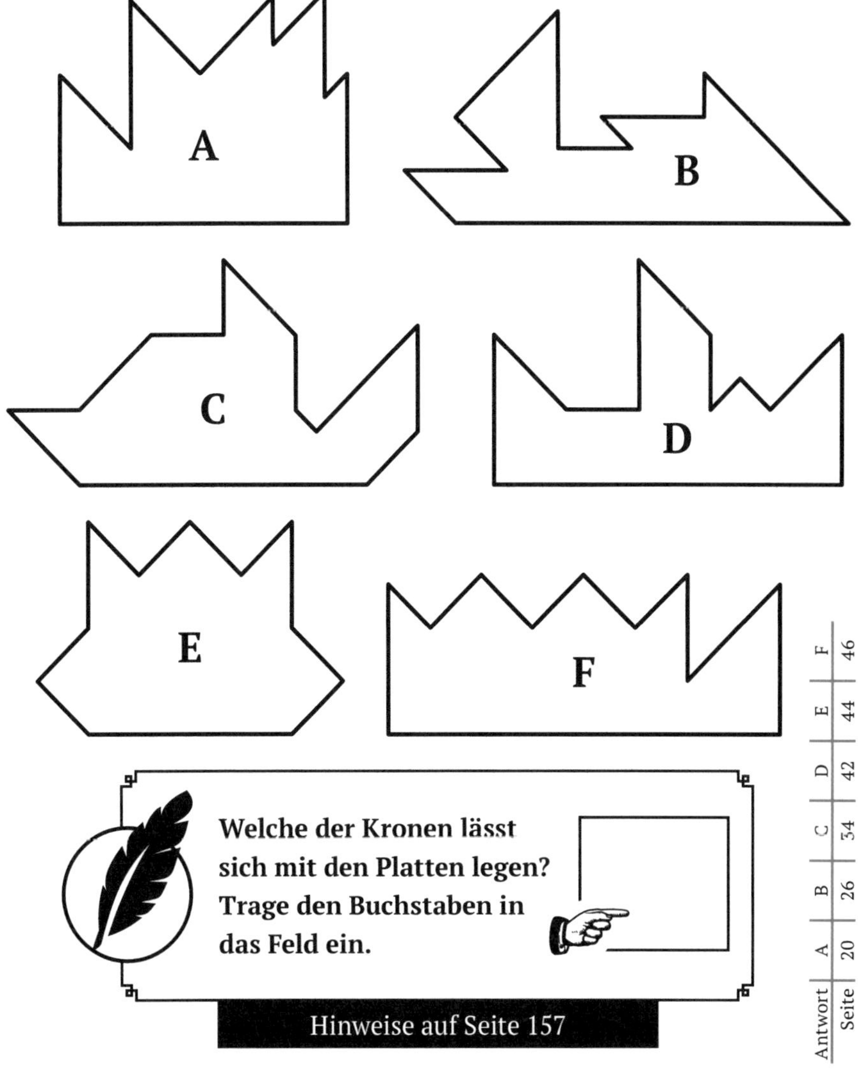

Welche der Kronen lässt sich mit den Platten legen? Trage den Buchstaben in das Feld ein.

Hinweise auf Seite 157

Antwort	A	B	C	D	E	F
Seite	20	26	34	42	44	46

Lösung

24. Ein königliches Puzzle

Krone E ist die einzige, die sich mit den Platten legen lässt. Alle anderen Kronen besitzen eine Platte, die je einmal zu viel vorkommt.

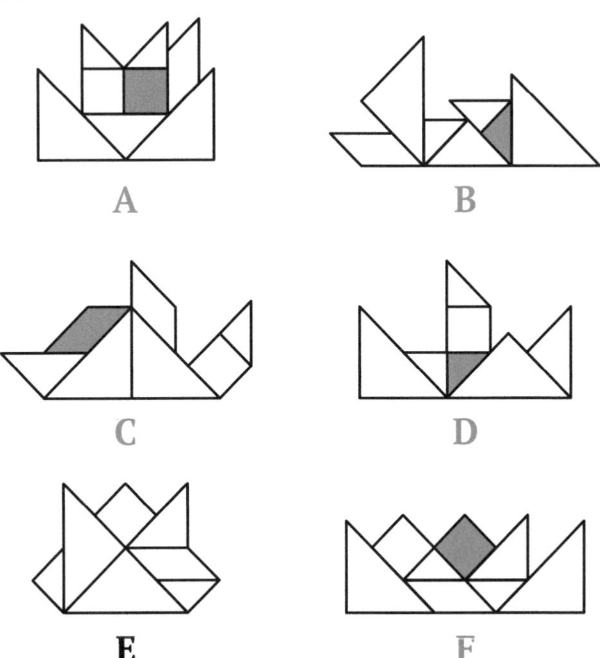

Trage Deine verdienten Federn ein und fahre morgen auf der nächsten Seite mit der Geschichte fort.

25

Der Beginn einer Reise

25. Der Beginn einer Reise

Der Fremde konnte die Zwerge zum Glück schnell davon überzeugen, dass er der echte Prinz Arundel war. Nun wollte der Prinz aber genau wissen, was es mit der bösen Königin auf sich hatte. Die Zwerge erzählten ihm also, wie Schneewittchen damals zu ihnen gekommen war und welche bösen Absichten die Königin hatte.

Als sie fertig erzählt hatten, wollte der Prinz nun auch Schneewittchen sehen, um sich selbst ein Bild ihrer Schönheit machen zu können. Nachdem sie kurz überlegt hatten, entschieden sich die Zwerge, ihm Schneewittchen zu zeigen.

Der Prinz trat an den gläsernen Sarg heran und war sprachlos. Noch nie hatte er eine so schöne junge Frau gesehen. Er drehte sich zu den Zwergen um und machte ihnen einen Vorschlag.

„Ich könnte sie mit zu mir nehmen und in das Schloss meines Vaters bringen“, sagte er. Die Zwerge waren erstaunt. Der Prinz

richtige Antwort – blättere auf Seite 60 und notiere Dir die erspielten Federn.

erklärte ihnen, dass sie dort vor der Königin sicher wäre und man ihre Schönheit in seinem Königreich bewundern würde.

Ingeni meldete sich daraufhin zu Wort: „Und auch die Königin könnten wir damit ärgern, Schneewittchens Schönheit nicht geheim zu halten.“

So war es beschlossen. Die Tiere des Waldes, denen Schneewittchen auf ihrem Weg geholfen hatte, versammelten sich am nächsten Tag vor dem Haus der Zwerge. Sie alle standen um den Sarg herum und bewunderten Schneewittchen ein letztes Mal eingehend. Die Zwerge hielten an ihren Taschentüchern fest und hatten ihre Mützen abgenommen, um ihr die letzte Ehre zu erweisen. Auch die Tiere des Waldes, das Glühwürmchen und der Prinz schwiegen und trauerten in Stille. Der Bär erklärte sich mit einer Geste bereit, Schneewittchens Sarg bis zu dem Schloss des Prinzen zu ziehen. Auch das Eichhörnchen wollte sie auf ihrem Weg begleiten, auch wenn es seine Tränen kaum zurückhalten konnte.

Auf dem Weg überlegte es, wie lange es wohl dauern würde, bis zum Schloss zu kommen. Der Prinz beantwortete seine Frage. „Es dauert genauso viele Stunden, wie die Anzahl an Überholungen des großen Zeigers gegenüber dem kleinen auf einer Uhr zwischen 12 Uhr Mittag und 12 Uhr Abend.“

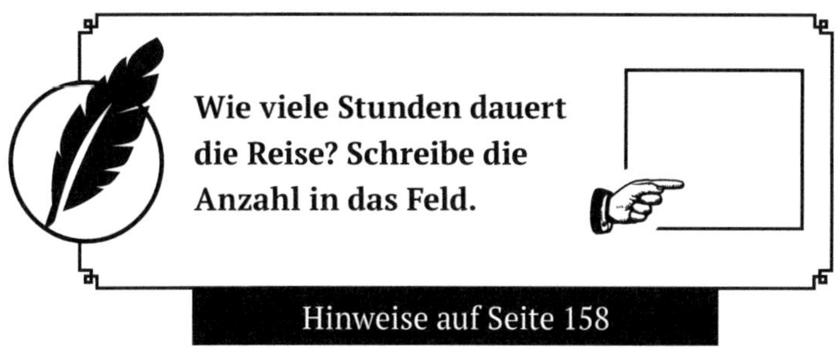

Wie viele Stunden dauert die Reise? Schreibe die Anzahl in das Feld.

Hinweise auf Seite 158

Antwort	1	2	3	4	5	6	7	8	9	10	11	12	13
Seite	98	102	110	126	130	134	137	140	144	147	149	153	155

Lösung

25. Der Beginn einer Reise

Der große Zeiger überholt den kleinen in der Zeit ganze zehn Mal. Zwar vergehen in der Zeit zwölf Stunden, doch da die Zeiger um 12 Uhr mittags und um 12 Uhr abends übereinander stehen, überholen sie sich nicht.

Trage Deine verdienten Federn ein und fahre morgen auf der nächsten Seite mit der Geschichte fort.

26

Wölfe auf der Jagd

26. Wölfe auf der Jagd

Die kleine Gruppe befand sich noch einige Stunden vom Schloss des Prinzen entfernt, da begann das Eichhörnchen, müde zu werden. Auch das Glühwürmchen war bereits erschöpft und freute sich, als die Gruppe eine kleine Pause einlegte.

Nachdem sie etwas gegessen und getrunken hatten, ging es auch dem Eichhörnchen schon wieder besser und sie machten sich wieder auf den Weg. Nun führte ein Teil ihrer Reise durch den dunklen Wald. Selbst dem Prinzen gefiel die Umgebung nicht. „Gebt gut acht, schon so manches Unglück ist an diesem Ort geschehen", riet er seinen Begleitern.

Der Bär, der zum Ziehen des Sarges von Schneewittchen weiter vorne lief, drehte sich um, um den Worten des Prinzen zu lauschen. In jener Unachtsamkeit stolperte der Bär über eine große Wurzel und geriet ins Schwanken. Der Sarg selbst wurde dadurch etwas gekippt. Da hörten sie plötzlich ein leises Husten. Der Prinz sah in den Sarg und erkannte: Es war Schneewittchen, die da hustete! Sie lebte! Aus ihrem Hals fiel der Bissen von dem giftigen Apfel, den sie genommen hatte.

Die Gruppe hielt inne und öffnete sofort den Sarg. Darin lag Schneewittchen – und atmete. Sie öffnete langsam die Augen und sah in das Gesicht des Prinzen.

Die Freude war groß und die Gruppe jubelte über das wieder aufgewachte Schneewittchen.

falsche Antwort

„Haltet ein!“, rief das Eichhörnchen mit geducktem Kopf plötzlich. „Wir sind zu laut und werden die Wölfe auf uns aufmerksam machen. Wir sollten schnell an einen anderen Platz gehen.“

Der Prinz stimmte zu und schaute auf seine Karte. Im Wald konnten sie die Wölfe hören und wussten, dass sie nicht näher als drei Felder an sie herankommen durften, ansonsten würden die Wölfe ihre Spur wittern. Durch ein Hindernis hindurch konnten die Wölfe sie nicht wittern, daher war das Dickicht des Waldes ein guter Weg.

Wie müssen sie durchs Dickicht laufen, damit kein Wolf sie bemerkt? Wo würden sie den Wald demnach verlassen? Markiere den Weg und notiere Dir den Zielbuchstaben im Feld.

Hinweise auf Seite 159

Antwort	A	B	C	D	E	F	G
Seite	42	46	50	58	62	66	68

Lösung

26. Wölfe auf der Jagd

Um nicht von den Wölfen gefasst zu werden, muss die Gruppe genau den eingezeichneten Weg nehmen. Dabei kommen sie an der Position F aus dem Wald heraus.

(Die hellgrau markierten Felder stellen den Witterungsbereich der Wölfe dar. Diese Felder können nicht durchschritten werden.)

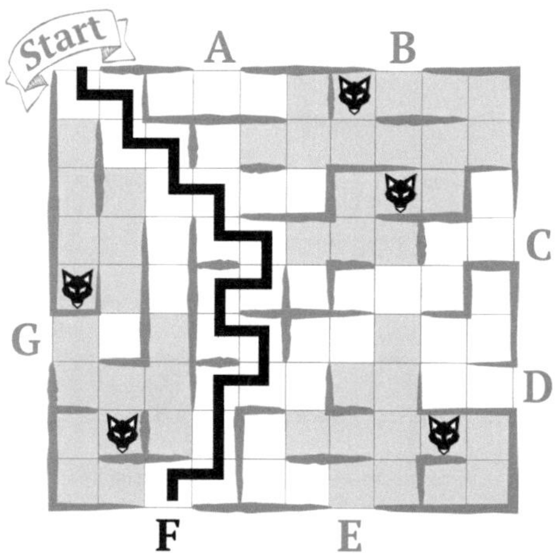

Trage Deine verdienten Federn ein und fahre morgen auf der nächsten Seite mit der Geschichte fort.

Das verzwickte Schloss

27. Das verzwickte Schloss

Währenddessen trug sich im Schloss ein gar anderes Schauspiel zu: Die böse Königin stürmte voller Hass in ihre Gemächer. Ihr Plan war doch so gut gewesen, wieso hatte sie die Hütte der Zwerge nur nicht betreten können? Ihre Wut trieb sie dazu, das Zimmer wieder komplett zu verwüsten, dabei hatten es die Diener nach ihrem letzten Tobsuchtsanfall doch gerade erst wieder hergerichtet. Sie riss die Gardinen herunter, trat gegen das Bett und schlug gegen den Käfig, in dem sich noch immer die gute Fee befand. Natürlich hatte die Fee das Rätsel der bösen Königin lösen können, doch hatte die Königin sie nur an der Nase herumgeführt. Sie hatte nie vorgehabt, die Fee tatsächlich freizulassen.

Die Königin drehte sich zum Spiegel, dem nahezu einzigen Gegenstand im Zimmer, den sie nicht zerstört hatte. Wieder stellte sie ihm die gleiche Frage und wollte wissen, wer die Schönste im Land sei. Diesmal jedoch gab ihr der Spiegel eine andere Antwort. „In diesem Land gibt es Tausende, die schöner sind als Ihr, meine Königin. Eure Wut hat Euch innerlich so zerfressen und hässlich gemacht. Ein jeder hier im Land mag schöner sein, als Ihr es je wieder sein werdet."

Das brachte die Königin erneut zum Toben. Sie raufte sich die Haare und zerrte an ihren teuren, edlen Kleidern. Sie zerriss all ihre Halsketten und warf ihre Puderdosen zu Boden. Dann fasste sie einen Entschluss. Wenn sie schon nicht die Schönste im Land sein konnte, dann wollte sie das Reich zumindest allein beherrschen. Der König musste sterben!

Die Antwort könnte richtig sein. Vergleiche sie mit der Lösung auf Seite 76.

Als sie das Zimmer verließ und die Tür hinter ihr ins Schloss krachte, kam das Glühwürmchen zum Fenster hereingeflogen. Es hatte sich von der Gruppe im Wald getrennt, um die Fee über die Ereignisse zu informieren. Die Fee war überglücklich, dass es Schneewittchen gut ging. Doch nun war der König in Gefahr.

„Ich sitze hier weiterhin fest und komme nicht aus dem Käfig“, sprach die Fee. „Dieses große Schloss versperrt mir den Weg in die Freiheit. Und obwohl es ein Schlüsselloch hat, habe ich die böse Königin bisher nicht mit einem Schlüssel hantieren sehen. Ich glaube, sie sagte eine magische Zahl, als sie mich hier einsperrte.“

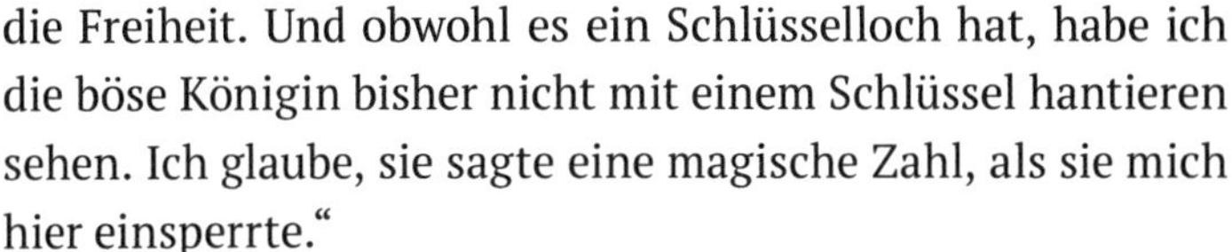

Das Glühwürmchen schwirrte vor das Schloss, um es sich besser ansehen zu können. Ein paar Tannenzweige waren um das Schloss herum verteilt. Plötzlich hatte das Glühwürmchen eine Idee: „Ich glaube, ich weiß, wie der magische Code lautet. Es sind drei Ziffern …“

Wie lautet der Code, der das Schloss öffnet? Notiere ihn Dir in den Feldern. Die mittlere Ziffer verwendest Du für das Code-Schloss.

____ ____ ____

Hinweise auf Seite 160

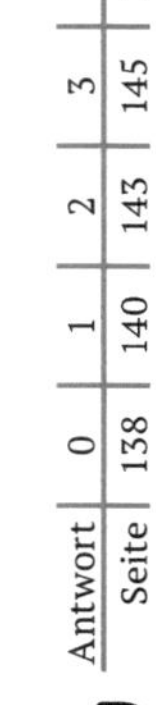

Lösung

27. Das verzwickte Schloss

Der Code 205 öffnet das Schloss. Du findest diese Ziffern, wenn Du das Buch zuklappst und Dir das Schloss auf dem Cover einmal genau ansiehst. Das Glühwürmchen schwirrte auch um ein Schloss mit Tannenzweigen.

Trage Deine verdienten Federn ein und fahre morgen auf der nächsten Seite mit der Geschichte fort.

28

Fallende Sterne

28. Fallende Sterne

Kaum sprach das Glühwürmchen die Zahlen aus, klickte das Schloss und die Fee konnte endlich aus dem Käfig herausfliegen. Sie wusste bereits, dass sie sich beeilen musste, um den neuen Plan der Königin zu vereiteln. Schnell machte sie sich deshalb auf den Weg zum König.

Er saß allein im Thronsaal und schaute sich traurig im Raum um. Seit seine erste Frau und seine geliebte Tochter gestorben waren, konnte er kaum noch glückliche Momente in seinem Leben zählen. Da fiel ihm ein Funkeln an der Tür auf und er erkannte die kleine Fee, die ihm entgegenflog. Sie erzählte ihm, dass die Königin plane, ihn zu vergiften, doch konnte er ihr nicht glauben. Wieso sollte sie ihm das antun?

Die Fee versuchte wieder und wieder, ihn zu überzeugen, doch der König schenkte ihr kein Vertrauen.

Schneewittchen würde wohl die Einzige sein, die ihn jetzt noch überzeugen könnte, dachte die Fee. Sie machte sich also auf zum Schloss des Prinzen Arundel, doch musste sie dafür zuerst den Weg finden. Zum Glück hatte das Glühwürmchen ihr ihren Zauberstab wiedergebracht, den die Königin zuvor achtlos weggeworfen hatte. So sprach die Fee nun einen Zauber, mit dem ihr die Sterne den Weg weisen sollten.

Die Sterne würden dank des Zaubers immer in einer bestimmten Reihenfolge fallen, die sich wiederholen würde:

Antwort	A	B	C	D	E	F	G	H	I	J	K	L	M	N	O	P	Q	R	...
Seite	58	10	150	102	34	145	160	14	94	157	130	26	134	62	159	98	148	50	

Der Stern, der als nächstes fallen würde, läge stets horizontal oder vertikal an dem gerade gefallenen an. Die Fee musste also nur noch logisch kombinieren, welcher Stern als Letzter übrigblieb, wenn alle Felder genutzt werden würden. An dem Ort dieses Sterns würde sie das Schloss finden. Sie wusste allerdings nicht, welcher Stern zuerst fällt, nur die Reihenfolge war ihr bekannt und dass sich der erste Stern am äußeren Rand befinden musste.

A	B	C	D	E	F
G	H	I	J	K	L
M	N	O	P	Q	R
S	T	U	V	W	X
Y	Z	A2	B2	C2	D2
E2	F2	G2	H2	I2	J2

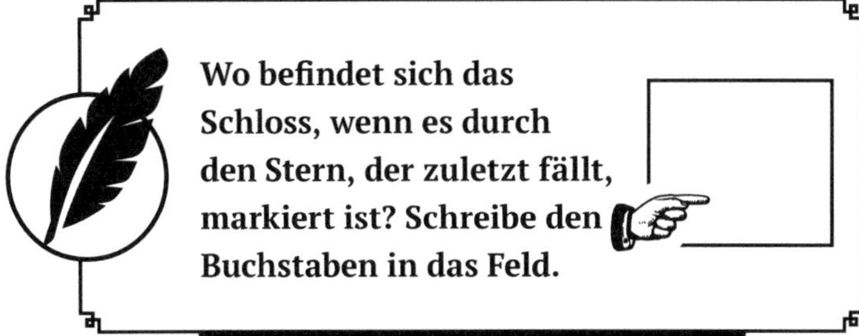

Wo befindet sich das Schloss, wenn es durch den Stern, der zuletzt fällt, markiert ist? Schreibe den Buchstaben in das Feld.

Hinweise auf Seite 161

Antwort	…	S	T	U	V	W	X	Y	Z	A2	B2	C2	D2	E2	F2	G2	H2	I2	J2
Seite		68	18	126	42	140	82	153	36	139	74	162	112	164	20	86	143	46	155

Lösung

28. Fallende Sterne

Der letzte Stern fällt auf Feld Z. Die Abfolge startet auf Feld C und setzt sich, wie unten dargestellt, fort.

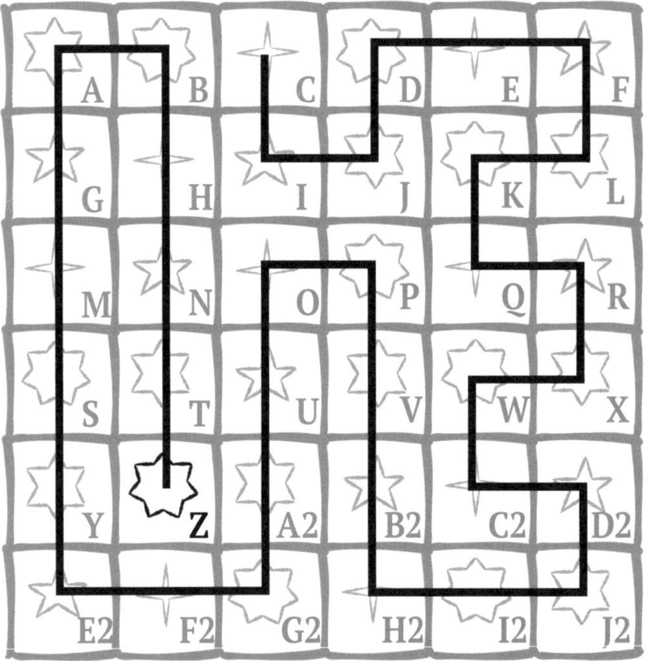

Trage Deine verdienten Federn ein und fahre morgen auf der nächsten Seite mit der Geschichte fort.

29

Die richtigen Zutaten

29. Die richtigen Zutaten

Schnell wie der Wind erreichte die Fee die kleine Reisegruppe rund um Schneewittchen und den Prinzen. Sie freute sich, Schneewittchen nach so langer Zeit wohlauf wiederzusehen und war ganz aufgeregt, auch den netten Prinzen kennenzulernen. Die Freude über ihr Wiedersehen musste jedoch erst einmal ruhen, schließlich gab es wichtige Neuigkeiten. Die Fee hielt kurz inne und erzählte Schneewittchen und dem Rest der Gruppe von den bösen Plänen der Königin.

Schneewittchen beschloss, dass sie sofort zu ihrem Vater zurückkehren müssten, um die Königin aufzuhalten. Der Prinz wollte sie begleiten und verhindern, dass die Königin ihr wieder etwas zuleide tun konnte. Er gab aber auch zu bedenken, dass der Weg zurück wahrscheinlich zu lange dauern würde. „Wir würden es wohl nicht rechtzeitig zum Schloss schaffen", sagte er. „Was, wenn die böse Königin ihren Plan bis dahin schon ausgeführt hat?" Schneewittchen war den Tränen nahe. „Es muss doch einen Weg geben!", schrie sie.

Die Fee versuchte verzweifelt, eine Lösung für dieses Dilemma zu finden, da kam ihr ein Geistesblitz. Sie hatte von einem Zauber gehört, der eine fliegende Kutsche heraufbeschwören

richtige Antwort – blättere auf Seite 64 und notiere Dir die erspielten Federn.

konnte. Das Problem allerdings lag darin, dass sie sich nicht mehr genau an die Zauberformel erinnerte.

Für den Zauber müssen fünf Tiernamen ausgesprochen werden. Die Fee erinnerte sich, dass auf jeden Fall eine Ziege, ein Hund, eine Amsel und ein Elch dabei waren. Das fünfte Tier fiel ihr aber nicht mehr ein. Da erinnerte sie sich an einen Merksatz für den Zauber:

Von Tisch und Stuhl ein altes Lied erklingt,
erzählt von Tagen, längst vergangen und verglimmt.

Als der Tag verglomm in stiller Pracht,
sah ich langsam selbst die Nacht.

In der Dunkelheit, im Kerzenschein,
erhebt sich der Kelch, gefüllt mit Wein.

In trübem Licht, im Aus verweilt,
liegt manch Geheimnis nun entzweit.

Aus Ziegelsteinen, kunstvoll gelegt,
erhebt sich ein Werk und bewegt.

Welches Tier vollendet den Zauber? Schreibe es in das Feld und nutze den Anfangsbuchstaben für das Code-Schloss.

Hinweise auf Seite 162

Antwort	A	B	C	D	E	F	G	H	I	J	K	L	M	N	O	P	Q	R	S	T	U	V	W	X	Y	Z
Seite	162	98	58	74	159	42	18	155	94	14	150	153	16	34	86	144	50	10	139	62	126	26	164	102	82	46

Lösung

29. Die richtigen Zutaten

Das gesuchte Tier ist die Maus. Für den Zauber werden insgesamt diese fünf Tiere benötigt: Hund, Amsel, Elch, Maus und Ziege. Sie verstecken sich in den Merksätzen der Fee und bilden sich aus den aufeinanderfolgenden Buchstaben.

1. Von Tisc**h und** Stuhl ein altes Lied erklingt,
erzählt von Tagen, längst vergangen und verglimmt.

2. Als der Tag verglomm in stiller Pracht,
sah ich langs**am sel**bst die Nacht.

3. In der Dunkelheit, im Kerzenschein,
erhebt sich der K**elch**, gefüllt mit Wein.

4. In trübem Licht, i**m Aus** verweilt,
liegt manch Geheimnis nun entzweit.

5. Aus **Ziege**lsteinen, kunstvoll gelegt,
erhebt sich ein Werk und bewegt.

Trage Deine verdienten Federn ein und fahre morgen auf der nächsten Seite mit der Geschichte fort.

Der geheime Gang

30. Der geheime Gang

Als sie das letzte Tier der Zauberformel erkannt hatten, konnte die Fee endlich die Kutsche herbeirufen. Sie flogen über das Land und erreichten das Schloss von Schneewittchens Vater noch bevor die Sonne untergegangen war.

Am Fuße des Schlosses hechteten sie die Treppen hinauf zu den großen, prachtvollen Toren. Die Wachen am Eingang jedoch versperrten ihnen den Weg. „Wer seid ihr?“, fragten sie. „Ihr könnt nicht einfach so ins Schloss hineinspazieren. Ihr braucht eine Einladung der Königsfamilie!“

„Aber erkennt ihr mich denn nicht?“, fragte Schneewittchen.

Die Wachen sahen sie sich genau an und natürlich wussten sie, wie Schneewittchen aussah. Dennoch verweigerten sie ihr den Zutritt. Sie waren überzeugt, dass das echte Schneewittchen tot war, vom Jäger umgebracht, der dafür im Verlies des Schlosses saß.

Schneewittchen wusste natürlich, dass der Jäger zu Unrecht eingesperrt wurde. Sie erinnerte sich an einen geheimen Gang, der durch die Verliese führte und beschloss, den Geheimgang zu nutzen. Die Gruppe wandte sich von den Wachen ab und folgte Schneewittchen zu einer alten Mauer. Schneewittchen rief sich die Karte des Schlosses ins Gedächtnis und konnte sich noch daran erinnern, wie sie zu laufen hatte, um den Kerker zu erreichen. Doch wusste sie nicht mehr genau, wo sich der Kerker dann befand.

falsche Antwort

„Ich bin direkt nach der ersten Tür, an der ich vorbeikam, links abgebogen. Dann ging ich über einen Korridor, bis ich rechts abbog. Ich ging durch einen Raum hindurch und kam geradewegs in den Kerker.“

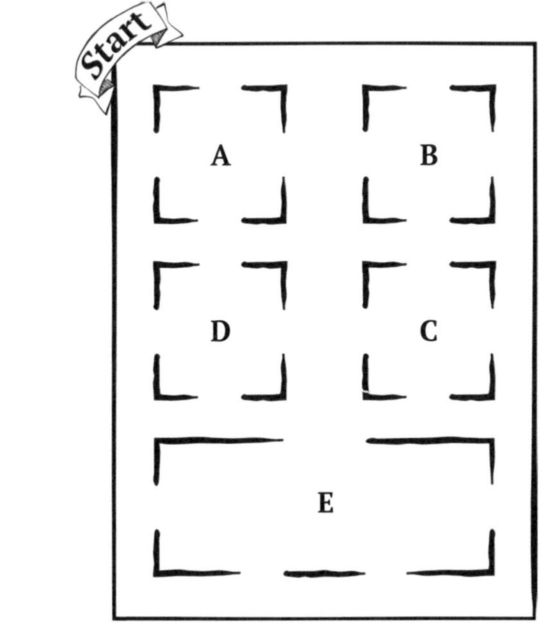

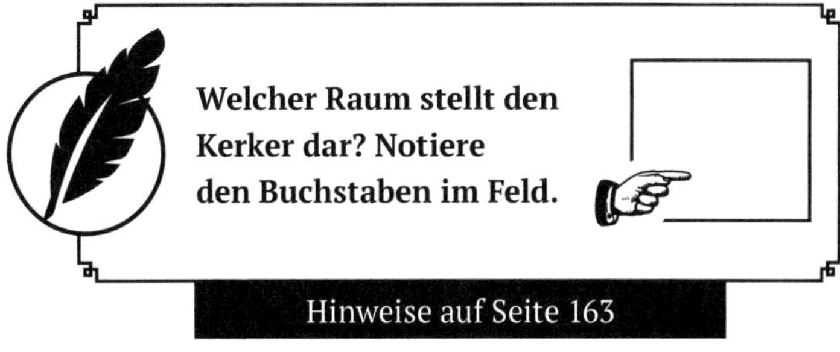

Welcher Raum stellt den Kerker dar? Notiere den Buchstaben im Feld.

Hinweise auf Seite 163

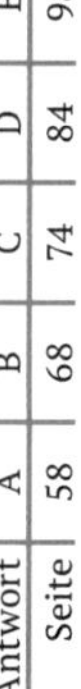

Lösung

30. Der geheime Gang

Der Kerker befindet sich in Raum D. Zunächst gehst Du in Richtung Süden. Nach der ersten Tür biegst Du links ab und folgst dem Korridor. Dann biegst Du wieder rechts ab und gehst durch den Raum C. So kommst Du im Raum D, welcher den Kerker darstellt, an.

Raum A und B können nicht der Kerker sein, da die Anweisung von einem Raum spricht, der zuvor durchschritten wurde.

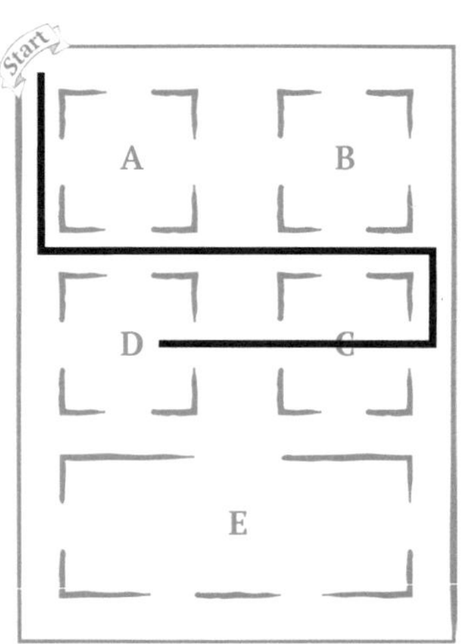

Trage Deine verdienten Federn ein und fahre morgen auf der nächsten Seite mit der Geschichte fort.

Die letzte List

31. Die letzte List

Durch das Verlies des Schlosses schlichen Schneewittchen, der Prinz und die Fee langsam voran. Da hörten sie ein Husten und sahen in einer der Zellen einen Mann am Boden sitzen. Er hob den Kopf, als er die Schritte vernahm und schaute Schneewittchen erstaunt an. Es war der Jäger!

Er erzählte, wie die Königin ihn hier hat einsperren lassen und behauptet hatte, dass er Schneewittchen getötet habe. Schneewittchen war fassungslos, dass er für seine Güte nun auch noch eingesperrt wurde, nahm den Schlüssel von der Wand gegenüber und schloss seine Zelle auf. „Ich werde dieses Missverständnis aufklären“, versprach sie ihm.

Die vier verließen den Kerker und landeten nicht weit vom königlichen Speisesaal entfernt im Schloss. Schneewittchen lief voraus und stürmte durch die Tür. Der König und die Königin saßen gerade am Tisch und wollten mit dem Nachtisch beginnen. Der Bratapfel auf dem Teller erinnerte Schneewittchen verdächtig stark an den Apfel, den die Königin auch ihr zu essen gegeben hatte.

falsche Antwort

Sie stellte sich vor ihren Vater, der sie ungläubig betrachtete und erzählte ihm die ganze Geschichte. Die Königin jedoch, redete ebenfalls auf ihren Gemahl ein und versuchte ihn zu überzeugen, dass es sich um einen Trick handeln müsse. Sogar der böse Jäger sei schließlich bei ihnen. Es müsse also ein böser Plan sein, um ihn zu verwirren.

Der König bestand darauf herauszufinden, ob es sich tatsächlich um seine Tochter handelte und beschloss ihr ein Rätsel zu stellen, das nur das echte Schneewittchen würde lösen können.

„Schau her. Ich werde nun einige Ziffern an die Fensterscheibe zeichnen, und du sollst die Reihenfolge fortsetzen. Meine Tochter würde das sicher schaffen. Es geht um die Ziffern von 1 bis 9.“ Und so begann der König scheinbar willkürlich die Ziffern mit seinem Finger an das Fenster zu schreiben:

Wie muss die nächste Zahl in der Reihe lauten? Schreibe sie in das Feld.

Hinweise auf Seite 164

Antwort	0	1	2	3	4	5	6	7	8	9
Seite	144	139	130	110	112	102	90	86	82	74

Lösung

31. Die letzte List

Die nächste Ziffer muss 6 lauten. Komplett lautet die Reihenfolge 8 – 3 – 1 – 5 – 9 – 6 – 7 – 4 – 2.

Die Zahlen sind nach ihrer alphabetischen Reihenfolge geordnet, nach der 9 (**N**eun) kommt also die 6 (**S**echs). Die 7 beginnt zwar auch mit einem S, in alphabetischer Reihenfolge würde aber die 6 vor der 7 stehen, da der zweite Buchstabe bei der 6 ein E und bei der 7 ein I ist.

Trage Deine verdienten Federn ein.

Zwischenstopp

Bevor Du fortfährst, wäre jetzt ein guter Augenblick, Deine bisher verdienten Federn aus den Rätseln 23 bis 31 (Seite 100 bis 132) zusammenzuzählen.

Trage hier Deine Zwischensumme ein und fahre anschließend mit der Geschichte auf Seite 166 fort.

Die Antwort könnte richtig sein. Vergleiche sie mit der Lösung auf Seite 48.

Hinweise

Hinweise

1. Ein unerwarteter Besuch

Aus den Notizen der Fee geht hervor, dass ein Buch mit gestreiftem Einband gesucht wird.

Es muss ein Buch sein, neben dem sich auf der rechten Seite ebenfalls ein gestreiftes Buch befindet. Damit scheiden bereits einige Möglichkeiten aus.

Auch wenn die Notiz nicht mehr komplett lesbar ist, geht aus ihr dennoch hervor, dass es ein Buch über, unter, links und rechts von dem gesuchten geben muss.

falsche Antwort

Kehre zum Rätsel auf Seite 10 zurück.

Hinweise

2. Auf Mutters Spuren

Das Gesuchte steht selten allein.

Bei dem Hut handelt es sich nicht um ein Kleidungsstück.

Es handelt sich um ein Lebewesen, ein Mensch oder Tier ist aber nicht gemeint.

Kehre zum Rätsel auf Seite 14 zurück.

richtige Antwort – blättere auf Seite 56 und notiere Dir die erspielten Federn.

Hinweise

3. Ein gut gehütetes Geheimnis

Die Schmuckschatulle hat kein Schlüsselloch. Die Schlüssel müssen also anders als sonst üblich genutzt werden.

Dass es gleich zwei Schlüssel gibt, hat einen ganz besonderen Grund. Der Code ist nur dann sichtbar, wenn beide Schlüssel genutzt werden.

Sieh Dir die Form der Schlüssel einmal genau an. Passen sie nicht hervorragend zusammen?

falsche Antwort

Kehre zum Rätsel auf Seite 18 zurück.

Hinweise

4. Der magische Spiegel

Vielleicht hilft es, nur den linken Teil eines jeden Symbols genau anzuschauen.

Die Symbole bestehen je aus einem Buchstaben, der in der Mitte gespiegelt wurde. Jetzt gilt es nur noch herauszufinden, welcher Reihenfolge die Buchstaben folgen.

Die gesuchte Reihenfolge wiederholt sich wöchentlich.

Kehre zum Rätsel auf Seite 23 zurück.

Hinweise

5. Die verschlüsselte Nachricht

Die Tabelle auf dem unteren Teil der Botschaft scheint etwas mit der Lösung zu tun zu haben. Du solltest zunächst die Tabelle ausfüllen.

Der erste Buchstabe der Nachricht ist ein H.

Wenn Du die übrigen Felder der Tabelle mit fehlenden Buchstaben füllst, erkennst Du die Lösung ganz schnell. Schreibe dazu in der ersten Reihe die Buchstaben A bis E, fahre dann in der zweiten Reihe mit den Buchstaben G bis J und so weiter fort.

Die Antwort könnte richtig sein. Vergleiche sie mit der Lösung auf Seite 116.

Kehre zum Rätsel auf Seite 26 zurück.

Hinweise

6. Die Flucht

Natürlich kannst Du die Wege einzeln ausprobieren, doch das gesuchte Ziel hat ein Merkmal, das sich von den anderen unterscheidet.

Du kannst auf den ersten Blick sehen, wo Dein Endziel sein wird. Dafür musst Du Dir nur die Anzahl der Brücken an jedem Landzugang genau anschauen.

Dein Ziel muss an einem Ort sein, an dem eine ungerade Brückenanzahl besteht.

Kehre zum Rätsel auf Seite 30 zurück.

Hinweise

7. Allein im dunklen Wald

Die Antwort liegt nicht in den Dingen, die Schneewittchen im Wald gesammelt hat.

Allein mit brennbaren Materialien wie Holz oder Blättern kann kein Feuer angezündet werden.

Zuerst ist eine Flamme oder ein Funken notwendig. Hat der Jäger Schneewittchen vielleicht etwas Hilfreiches mitgegeben?

falsche Antwort

Kehre zum Rätsel auf Seite 34 zurück.

Hinweise

8. Kleine Kostbarkeiten

Die verschiedenen Punkte sind zwar alle Markierungen des Eichhörnchens, doch nur ein Punkt zeigt das Nuss-Versteck.

Der Code muss etwas mit dem Weg zu tun haben. Wofür könnten die Buchstaben und Zahlen wohl stehen?

Setzt Du für N „Norden“ ein und für R „Rechts“, so wird schon deutlicher, was das Eichhörnchen sich bei dem Code gedacht haben muss.

Kehre zum Rätsel auf Seite 38 zurück.

richtige Antwort – blättere auf Seite 68 und notiere Dir die erspielten Federn.

Hinweise

9. Rettung in letzter Sekunde

Die Striche verraten Dir den Zahlencode. Zählen musst Du sie dafür aber nicht.

Es gibt einen Grund dafür, dass das eine Strichfeld nur aus waagerechten, das andere nur aus senkrechten Strichen besteht.

Beide Strichfelder müssen miteinander kombiniert werden. Nur eines der beiden zu betrachten, wird Dich nicht weiterbringen.

richtige Antwort – blättere auf Seite 80 und notiere Dir die erspielten Federn.

Hinweise

10. Die verlassene Hütte

Die Blöcke haben eine so seltsame Form. Vielleicht hilft es, sie sich gedreht vorzustellen.

Der dritte Block sieht aus wie ein E.

Wenn Du die Blöcke genau betrachtest, erkennst Du, dass es sich um dreidimensionale Buchstaben handelt. Notiere Dir die Buchstaben und versuche, sie zu einem Wort zusammenzusetzen.

Kehre zum Rätsel auf Seite 46 zurück.

falsche Antwort

Hinweise

11. Eine gute Tat

Am Ende müssen alle Mandeln auf einem separaten Stück sein. Du benötigst also eine Methode, um aus wenigen Schnitten mindestens sieben Stücke zu erschaffen.

Die Schnitte müssen einander kreuzen, damit Du Dein Ziel erfüllen kannst. Beachte, dass die Aufgabe nicht von Dir verlangt, dass die Stücke gleich groß sind.

Die kleinste Mandel ist am Ende auf dem kleinsten Stück.

falsche Antwort

Kehre zum Rätsel auf Seite 50 zurück.

Hinweise

12. Fremde mal Sieben

Zwerge A und G kannst Du gleich zu Anfang ausschließen, da vor und hinter dem gesuchten Zwerg andere Zwerge stehen müssen.

Es ist nicht Zwerg D.

Der gesuchte Zwerg befindet sich eher weiter vorne als hinten.

Kehre zum Rätsel auf Seite 54 zurück.

falsche Antwort

Hinweise

13. Wertvoller Besitz

Achte auf die dunklen Reflektionen, vielleicht fällt Dir etwas Spannendes auf.

Es kann auch helfen, das Buch einmal um 90 Grad zu drehen.

Wenn Du das Buch gedreht hast, zeichne in der Mitte jedes Steines eine senkrechte Linie ein. So sollte der Wert der Steine ersichtlicher werden.

richtige Antwort – blättere auf Seite 72 und notiere Dir die erspielten Federn.

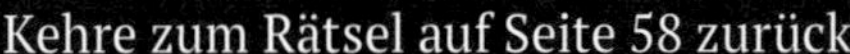

Kehre zum Rätsel auf Seite 58 zurück.

Hinweise

14. Das Schutzpulver

Das Dreieck muss nicht immer an einer anderen Seite des Trapezes anliegen.

Die Lösung hat etwas mit dem Uhrzeigersinn zu tun.

Stell Dir vor, dass das Dreieck sich nur bewegen kann, indem es immer wieder nach vorne gekippt wird.

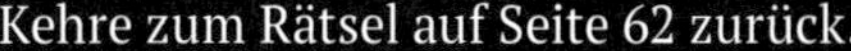

Kehre zum Rätsel auf Seite 62 zurück.

richtige Antwort – blättere auf Seite 108 und notiere Dir die erspielten Federn.

Hinweise

15. Eine rätselhafte Anweisung

Der Kreis in dem Dreieck könnte Dir helfen, die Antwort zu finden.

Gehe nicht zu verkopft an die Sache ran. Große Berechnungen sind hier nicht nötig.

Mit einer kleinen Änderung am kleinen Dreieck wird die Lösung sofort erkennbar.

Kehre zum Rätsel auf Seite 66 zurück.

Hinweise

16. Ein ungutes Gefühl

Die Symbole sind immer als einzelne Zeilen zu sehen, die Spalten sind egal.

Es hat einen Grund, dass sich die Kreise mit den Linien manchmal drehen.

Legst Du beide Kreise einer Zeile übereinander, so ergibt sich eine bestimmte Form.

Kehre zum Rätsel auf Seite 70 zurück.

Hinweise

17. Ein Rätsel für einen Bissen

Das Gesuchte lässt sich nicht anfassen.

Man kann es teilen, ohne es zerreißen oder schneiden zu müssen.

Das Geheimnis dieses Rätsels ist Teil dieses Hinweises.

falsche Antwort

Kehre zum Rätsel auf Seite 74 zurück.

Hinweise

18. Der versteckte Weg

Die erste Linksabbiegung erfolgt schon sehr früh.

An beiden Apfelbäumen musst Du gerade vorbeilaufen und darfst nicht direkt wieder abbiegen.

Die Mine befindet sich im oberen rechten Teil der Karte.

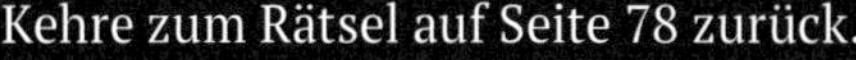

Kehre zum Rätsel auf Seite 78 zurück.

richtige Antwort – blättere auf Seite 32 und notiere Dir die erspielten Federn.

Hinweise

19. Ein Pfad aus Schnee und Eis

Es gibt Wände, die Du kein einziges Mal berühren musst.

Wenn Du an der ersten Wand ankommst, führt Dein Weg als nächstes nach links.

Es gibt mehrere Wege. Gesucht wird aber der Weg mit der geringsten Anzahl an Zügen.

richtige Antwort – blättere auf Seite 40 und notiere Dir die erspielten Federn.

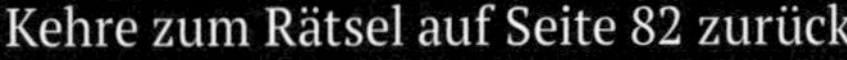

Kehre zum Rätsel auf Seite 82 zurück.

Hinweise

20. Ein würdiges Geschenk

Es geht nicht um die Tiere, die dargestellt werden.

Es geht auch nicht darum, einen Fehler in den Zeichnungen zu finden.

Vielleicht hilft es, Dir vorzustellen, wie die Gravuren gezeichnet wurden.

Kehre zum Rätsel auf Seite 86 zurück.

falsche Antwort

Hinweise

21. Ein Weg in die Freiheit?

Das leere Feld zwischen A und B hätte den Wert 3.

Der Wert hat etwas mit der Lage des Feldes zu tun.

Der gesuchte Wert ist nicht 8.

falsche Antwort

Kehre zum Rätsel auf Seite 90 zurück.

Hinweise

22. Fremde Gesellschaft

Es geht nicht um ein Glücks-, Karten- oder Brettspiel.

Die Nachbarn könnten sich beschweren, wenn ein solches Spiel tatsächlich die ganze Nacht andauert.

Sie spielen kein Spiel, sondern ein Instrument.

Kehre zum Rätsel auf Seite 94 zurück.

Hinweise

23. Hoher Besuch

Natürlich kannst Du so lange ausprobieren, bis Du auf eine Lösung kommst. Das ist aber gar nicht notwendig.

Es gibt eine logische Reihenfolge, wie die Buchstaben geordnet werden können.

Sieh Dir die Größe der Kreise noch einmal genau an.

Die Antwort könnte richtig sein. Vergleiche sie mit der Lösung auf Seite 28.

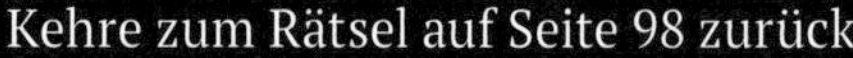

Kehre zum Rätsel auf Seite 98 zurück.

Hinweise

24. Ein königliches Puzzle

Die Platten können natürlich gedreht werden, die Größe kannst Du aber nicht ändern.

Die falschen Kronen kennzeichnet, dass sie eine Platte mehr haben als vorgegeben.

Es sind nicht die Kronen A, B oder C.

Kehre zum Rätsel auf Seite 102 zurück.

Hinweise

25. Der Beginn einer Reise

Einmal pro Stunde wird der kleine Zeiger einmal überholt.

Die Antwort ist nicht 12.

Von 12 Uhr Mittag bis 3 Uhr Nachmittag hat der Zeiger zwei Überholungen geschafft.

richtige Antwort – blättere auf Seite 12 und notiere Dir die erspielten Federn.

Kehre zum Rätsel auf Seite 106 zurück.

Hinweise

26. Wölfe auf der Jagd

Vorsicht bei Wandöffnungen! Hier können die Wölfe natürlich auch um das Hindernis herumlaufen.

Schon sehr früh muss abgebogen werden, um einem Wolf zu entkommen.

Wenn Du Dir die Ausgänge genau anschaust, bleiben nicht viele als mögliche Lösung übrig.

Kehre zum Rätsel auf Seite 110 zurück.

falsche Antwort

Hinweise

27. Das verzwickte Schloss

Zuerst gilt es natürlich, das Schloss zu finden, von dem das Glühwürmchen spricht. Du hast es bereits gesehen.

Das gesuchte Schloss könnte näher sein, als Du denkst. Du hattest es sogar schon in den Händen.

Ein Schloss mit Tannenzweigen ... Hast Du so etwas nicht bereits seit dem ersten Dezember täglich gesehen?

falsche Antwort

Kehre zum Rätsel auf Seite 114 zurück.

Hinweise

28. Fallende Sterne

Die Reihenfolge ist Dir bekannt. Achte darauf, dass Du sie immer einhältst. Finde zunächst heraus, wo der erste Stern fällt.

Der erste Stern, der fällt, ist der vierzackige. Es handelt sich um einen der vierzackigen Sterne in der ersten Zeile.

Der erste Stern fällt in der ersten Zeile im dritten Feld von links (Buchstabe C).

Die Antwort könnte richtig sein. Vergleiche sie mit der Lösung auf Seite 36.

Kehre zum Rätsel auf Seite 118 zurück.

Hinweise

29. Die richtigen Zutaten

Die Aussagen der einzelnen Sätze sind nicht wichtig.

Würdest Du die Sätze umstellen, würdest Du das Tier wahrscheinlich nicht mehr erkennen können.

Alle Tiere für den Zauber verstecken sich in dem Merksatz – auch das gesuchte. Teilweise setzen sie sich aus den Anfangs- und Endbuchstaben nebeneinanderstehender Wörter zusammen.

Kehre zum Rätsel auf Seite 122 zurück.

Hinweise

30. Der geheime Gang

Von der Startposition aus führt Dich Dein Weg zunächst in Richtung Süden.

Raum E kannst Du ignorieren.

Wenn durch einen Raum hindurch gegangen wird, verlässt man ihn auch wieder.

Kehre zum Rätsel auf Seite 126 zurück.

Die Antwort könnte richtig sein. Vergleiche sie mit der Lösung auf Seite 100.

Hinweise

31. Die letzte List

Offensichtlich geht es nicht um den Wert der Ziffern.

Auch die Anzahl der Löcher oder sonstige optische Eigenschaften der Zahlen scheiden aus.

Setzt Du die Reihe mit allen Ziffern von Eins bis Neun fort, käme die Zwei ganz zum Schluss.

falsche Antwort

Kehre zum Rätsel auf Seite 130 zurück.

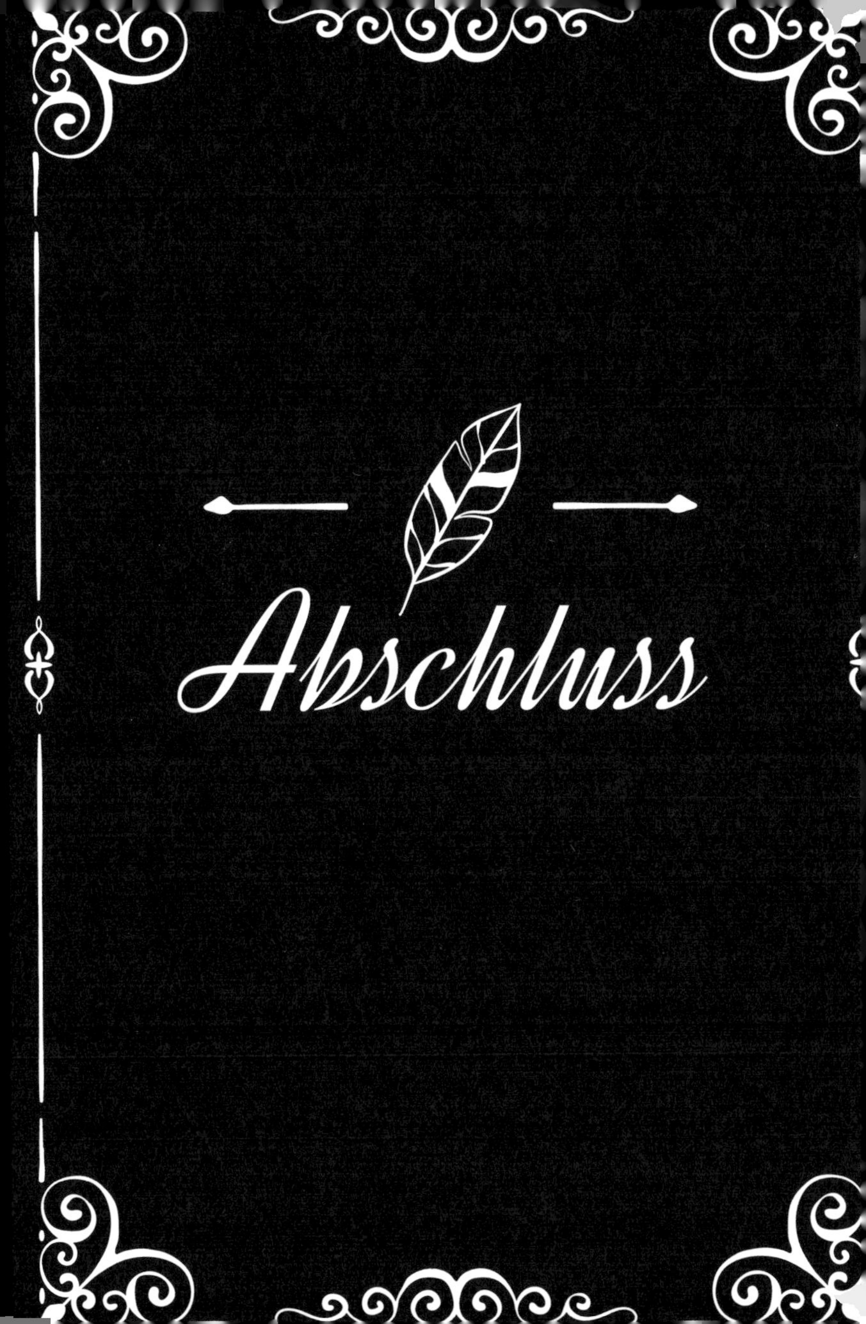

Abschluss

Epilog

„Mein liebes Schneewittchen“, sagte der König mit tränenerstickter Stimme, als er erkannte, dass nur seine Tochter ein solches Rätsel lösen konnte. „Du lebst!“

Schneewittchen lief zu ihm und fiel ihm in die Arme. Überglücklich, dass sie nun wieder vereint waren, freuten sich die beiden und konnten ihr Glück kaum fassen. Die böse Königin jedoch zitterte geradezu vor Wut und wollte sich unbemerkt davonmachen, als der König sich zu ihr umdrehte. Offensichtlich hatte sie ihn über den Tod seiner Tochter belogen. Was konnte sie also noch im Schilde führen?

Er beschloss, seiner Tochter und der guten Fee Glauben zu schenken und stellte die Königin vor eine Aufgabe. Wenn der Apfel, den sie ihm zum Nachtisch servieren wollte, tatsächlich ungefährlich war, so sollte sie ihn selbst verspeisen. Die Diener eilten rasch herbei und tauschten die Teller. Verführerisch süß stand der Bratapfel nun vor der Königin, die ihn misstrauisch beäugte. „Mein König“, sagte sie zu ihrem Gemahl, „das wird doch nicht nötig sein. Sicher können wir eine Lösung finden.“

Der König jedoch bestand darauf, dass sie einen Bissen von dem Apfel nahm. Unter den Augen aller konnte sie sich dieser Anweisung nicht widersetzen und nahm zögernd die Gabel in die Hand. Mit einem letzten Blick zu Schneewittchen nahm sie den Bissen in den Mund und schluckte den vergifteten Apfel hinunter. Nur wenige Sekunden später fiel sie regungslos zu Boden ...

Die Zeit verging und das Volk freute sich nicht nur über die Rückkehr seiner Prinzessin, sondern auch über die bevorstehende Hochzeit von Schneewittchen und Prinz Arundel. Die Feier sollte so groß werden, wie keine zuvor und die beiden Königreiche auf alle Zeit miteinander verbinden. Unter den zahlreichen Gästen befanden sich natürlich auch die Zwerge und sogar die Tiere des Waldes nahmen an den Festlichkeiten teil. Die Hochzeitsfeier endete mit einem spektakulären Feuerwerk über dem Schloss und sorgte für eine neue Tradition. Von diesem Tage an, sollte am letzten Tag des Jahres ein Feuerwerk entzündet werden, um Schneewittchen und ihren Prinzen zu ehren.

Bis heute wird diese Tradition fortgesetzt, denn wenn sie nicht gestorben sind, dann leben sie noch heute.

Finaler Epilog

Du hast es geschafft! Dank Dir konnte die Geschichte erzählt werden und das Märchen hat einen Abschluss gefunden. Doch was ist das? Jemand scheint Dir hier eine Nachricht hinterlassen zu haben:

Herzlichen Glückwunsch! Durch das Vollenden des Rätsel-Adventskalenders der Gebrüder Grimm wurdest Du als Mitglied des hohen Rates der Literaten akzeptiert.

Es ist uns eine Ehre, Dir daher einen ab sofort gültigen Rang zuzuteilen. Dieser erschließt sich aus den Schreibfedern, die mit diesem Buch gesammelt wurden. Notiere Dir deshalb hier, wie viele Federn Du während Deiner Reise durch die Märchenwelt sammeln konntest.

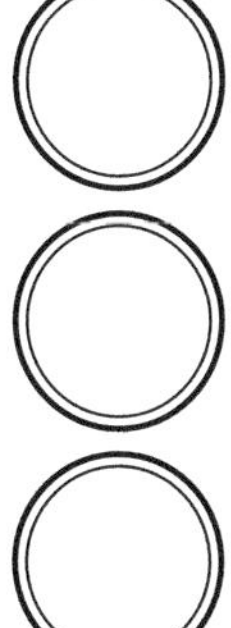

Zwischensumme Rätsel 1 bis 12 (Seite 56)

Zwischensumme Rätsel 13 bis 22 (Seite 96)

Zwischensumme Rätsel 23 bis 31 (Seite 132)

Gesamtsumme

Deinen Rang erhältst Du auf den nächsten Seiten.

„Schreiberling“

Nun, als wirklichen Erfolg kann man das wohl nicht bezeichnen. Vielleicht hättest Du doch noch mehr Zeit gebraucht. Der Rat muss hier wohl noch einmal alles auf eigene Faust prüfen. Er bietet aber auch Aufbaukurse in der Lehre der Schrift an. Vielleicht solltest Du dieses Angebot ernsthaft in Erwägung ziehen.

31–60
Federn

„Autor“

Es war wohl nicht ganz einfach für Dich, die Aufgaben allein zu bewältigen. Die Hinweise der Gebrüder Grimm hast Du jedenfalls öfter genutzt. Eventuell solltest Du Dich als neues Mitglied des Rates mit anderen Mitgliedern unterhalten, um Dein Wissen zu erweitern.

„Schriftsteller“

Man lernt nie aus, das sollte klar sein. Natürlich gilt das auch für Dich. Du hast noch viel zu lernen, doch bist Du offensichtlich auf dem richtigen Weg. Deine Aufgabe hast Du zufriedenstellend abgeschlossen. Noch ein wenig Übung und Du könntest ein wahrer Meister werden.

„Literat“

Mit diesem Ergebnis hast Du die Aufmerksamkeit einiger unserer Mitglieder auf Dich gezogen. Offenbar hast Du tatsächlich ein Händchen für die hohe Kunst der Literatur. Der hohe Rat blickt gespannt auf Deine nächsten Errungenschaften. Es steht außer Frage, dass Du im Rat gut aufgehoben bist.

mehr als 120 Federn

„Meister der Schrift“

Lass Dich beglückwünschen! Diese Leistung hat wohl niemand von einem neuen Mitglied erwartet. Es scheint, als seist Du bereits ein wahrer Meister. Wir hoffen, Du wirst uns auch in Zukunft mit deinem Können begeistern und inspirieren.

Schneide die Urkunde aus dem Buch und trage Deinen Namen, erspielten Rang und Schreibfedern ein.

(Auf der Rückseite findest Du die Urkunde mit weiblicher Anrede.)

Habt ihr die Rätsel als Gruppe gelöst, könnt ihr weitere Urkunden unter ***nucleo-verlag.de/grimm-adventskalender*** herunterladen und ausdrucken.

Wenn Du möchtest, fotografiere und teile diese Urkunde, um Deine Freunde herauszufordern.

Wir, der hohe Rat der Literaten, bestätigen
hiermit dem Anwärter

____

die Aufnahme in unsere Reihen unter dem
ihm zugewiesenen Rang

____

Der Anwärter hat den Rätsel-Adventskalender der Gebrüder Grimm erfolgreich abgeschlossen und dabei

von 155 Schreibfedern sammeln können.

Der hohe Rat
der Literaten

Wir, der hohe Rat der Literaten, bestätigen
hiermit der Anwärterin

____

die Aufnahme in unsere Reihen unter dem
ihr zugewiesenen Rang

____

Die Anwärterin hat den Rätsel-Adventskalender der Gebrüder Grimm erfolgreich abgeschlossen und dabei

von 155 Schreibfedern sammeln können.

*Der hohe Rat
der Literaten*

Noch mehr spannende Rätsel

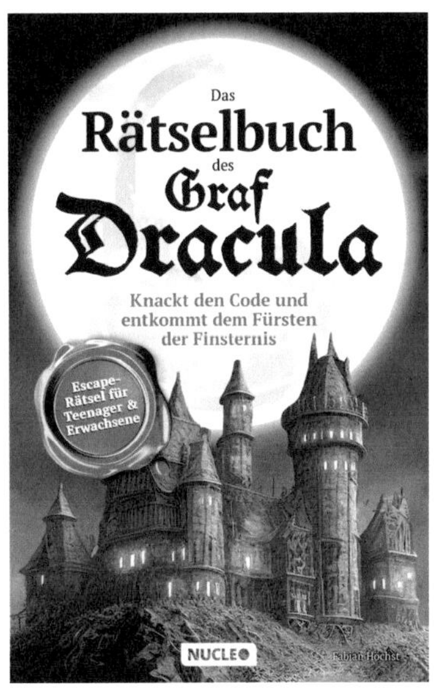

Das Rätselbuch des Graf Dracula

Knackt den Code und entkommt dem Fürsten der Finsternis

Begebt Euch auf eine abenteuerliche Reise zu einer geheimnisvollen Burg, tief in den unergründlichen Wäldern. Doch seid gewarnt, denn dort erwarten Euch unheimliche Rätsel und knifflige Herausforderungen. Willkommen in der faszinierenden Welt des Graf Dracula!

- *Abwechslungsreiche Knobel- & Rätselaufgaben, eingebunden in eine geheimnisvolle Geschichte*
- *Rätselspaß für Einsteiger und Fortgeschrittene*
- *Hinweise und Lösungen direkt im Buch*

Packt Euren scharfen Verstand ein und stellt Euch den mysteriösen Geheimnissen der Burg. Wagt Euch in die Dunkelheit und löst das Rätsel!

Edition 3.1B

Autor:
Lisa Marie Bopp

Verlag:
Nucleo – ein Label der

my dna media GmbH
Ohmstr. 53

60486 Frankfurt am Main

Druck:
Libri Plureos GmbH
Friedensallee 273
22763 Hamburg

ISBN:
978-3-98561-051-8

Fragen, Anregungen, Feedback?

Schreibe uns an **info@nucleo-verlag.de** oder besuche uns im Web auf **nucleo-verlag.de**